丼丼丼丼丼

天丼・豬排丼・牛丼・鰻魚丼・親子丼，日本五大丼飯誕生祕辛！

飯野亮一　飲食文化史研究專家

陳嫺若　譯

目錄

第二章 天丼的誕生——099

第三章 親子丼的誕生——141

文明開化與吃牛肉 219

牛肉火鍋的流行 231

牛丼的誕生 253

牛丼的普及 262

推薦序

國民美食成近現代日本史關鍵

國立臺灣大學人類學系副教授　張正衡

二〇〇五年的一個夏日清晨，我跟著好友龍太進到當時仍為世界漁產交易重鎮的築地市場參觀。那是我初次入境日本，也是首次造訪這個在研究文獻中看起來十分重要的漁市場，不過讓我留下深刻印象的，卻不是場中的漁獲或商家。當我們走出拍賣區不久，我的朋友突然遙指著另一頭的亮橘色招牌說：「這是日本的第一家吉野家。」對於這突如其來的轉折，我雖然覺得莞爾卻也充滿疑惑，後來經他細心解釋，才理解這家創始店存在於此的社會意義。也是在這趟旅行後，我才理解到日本當地不僅存在著各式各樣的丼飯類型，其生產消費還牽涉到外來者所不易體察的深層文化面向。

在後續旅程中，我們在棒球場的餐車、街角的老店與車站前的連鎖餐廳裡都反覆見到不同的丼飯料理。於是我開始自信地循著自己所習慣的中文邏輯，指著菜單上一行行的丼飯條目或圖像發出「It's a don! That's a don, too!」的驚嘆。此時，龍太只是溫和地搖搖頭指正：「我都唸丼（donburi）。」沒有放任我這個什麼都不懂的外地人繼續胡思亂想，他耐心地向我解釋：「這種大碗我們稱作丼鉢（どんぶりばち），所以用這種碗盛裝的飯菜組合都屬於丼物（どんぶりもの）。通常只有用在食物名稱中、接續在字尾時才會讀作don。」

原來如此。但話又說回來，對於吃慣魯肉飯和燴飯的我來說，不論是飯桌上的熱心長輩自動舀來鮮美湯汁澆淋在白飯上的風味，或是將菜餚先挾到飯上再混著吃進嘴裡的用餐方式，都是再自然不過的一種選擇。為何在日本，只要是將魚、肉、菜餚擺放在一大碗白飯上的食物就可以自成一個獨特的餐食類型？而與其他的飲食類型有著明確的區隔？

飯野亮一先生所新著的這本《丼丼丼丼丼：日本五大丼飯誕生祕辛！》解答了我當時的疑惑。在本書之前，飯野先生已經完成了《居酒屋的誕生》和《蕎麥麵、鰻魚、天婦羅、壽司》兩本專注於考察江戶時代飲食生活的文史作品（其繁體中文版均由臺灣商務印書館出版）。在目前這本新作中，飯野先生不再以時代或地點限制自己考察的範圍，而是把焦點轉移到五種主要的丼飯類型，各自考察它們的興起背景與演化過程。然而，這五種不同的丼飯故事之間的交集，卻可能如藏寶圖一般指出了近現代日本史的關鍵所在。換言之，書中記載的丼飯興起敘事不僅僅只是一些趣味小知識，可能還具有重要的歷史意涵。

舉例來說，丼飯的發明與普及顯示米飯已經成為某些社會群體（即便屬於社會階層裡的底端）的主食選項之一。吃白米飯或許仍是種奢侈的享受，但卻不再只是貴族或武士階級所獨享的飲食品味，而可能已成為由更大的社會群體所共享的一種味覺偏好。雖然不是當時日本列島上的所有人皆以米飯為主食，但就生活在都市中的町人（如商販、工匠、勞動者等等）來說，卻是不論階級貴賤都可能有所體驗的。另外，在當時上層階級的飲食習慣中，白飯與菜餚應該是分開裝盛、個別挾取入口的。因此丼飯的普及，也可能讓這些階級之間的界線發生鬆動或混雜。

其次，丼飯並不是家庭料理，而是從餐廳或攤販的生意中所發展出來的。除了社會階層化的意義之外，這也表示不論是在前現代的江戶城或明治以降的東京都會區裡，外食產業的發展皆已經發展得十分蓬勃，並且成為飲食文化發展的關鍵場域之一。而較諸作為國家門面的精緻宴席料理，或許丼飯或拉麵等「國民美食」才是實際支撐起現代大眾社會的堅實支柱。換言之，丼飯應該比懷石料理甚至家庭料理更能夠代表現代日本的飲食生活。若是與曾受到工業化與都市化過程所箝制（甚至危害）的英國飲食文化相比，明治維新之後的日本反倒發展出各種新舊土洋混雜的飲食形式來餵養他們的工業都市生活，創造出與歐美國家不盡相同的現代性。

最後，丼飯的興起代表一種消費生活風格已經在德川幕府時期的這個大都會中萌芽。在高級餐廳（料亭）之外，還有大量庶民取向的攤販飲食的存在。因此或許可以說：「在江戶城的商業世界裡只要出得起錢，社會身分就不會完全阻絕跨階層消費的自由。」而稻米的大量生產與流通以及醬料、酒、食材與食器（例如丼鉢和免洗筷）製造的產業化，不僅使得鰻魚丼的生產和普遍消費開始成為可能，也讓特定的在地味覺偏好得以定著。這種在地味覺偏好日後成為現代日本飲食文化的核心，並且與明治維新之後開始普及化的各種新食材交織出更多新的丼飯或菜餚。這樣的都會生活型態不僅成為明治維新之後現代日本進行工業化的社會基礎，也體現了一種傳統產業銜接上現代服務經濟的轉換機制。

回到開頭的故事，雖然當時的吉野家正因為美國狂牛症（ＢＳＥ）的影響而處於長期停售牛丼的狀態，好友龍太仍特別為我引介了這家在一九五九年開業的創始店，是為了滿足我對於築地市場的各種好奇。「據說吉野家一開始是以賣牛丼飯給在築地市場工作的大量體力勞動者起家的。」他對我說。根據飯野先生在本書中的看法，牛丼這種料理從明治時期發展之初就是針對在街頭討生活的男性勞動階層所烹製的菜色，便宜、快速、便利且滋養。這樣的階級與性別意涵即便到了當代日本的飲食生活中也未曾絕跡，戰後的丼飯食堂中往往坐滿了屬於藍白領的男性薪資勞動者。反而是要等到吉野家、松屋、食其家等連鎖餐廳針對女性與親子推出了不同的經營策略之後，這樣的飲食習慣才又開始有些改變。

總而言之，丼飯這種具有前現代身世的飲食類型，在經過許多的改造與再創作之後，成為了當代日本飲食地景的主要構成，並且實質地餵養著這個現代社會的日常運作。翻開飯野先生的這本《丼丼丼丼丼》，你理應可以讀到更多超越上述見解之外的啟發，並且更加認識日本社會的過去與未來。

前言

丼飯　日本飲食的一大革命

丼飯的誕生，乃是日本飲食文化中的一大革命，聽我這麼說，也許馬上有人會反駁：「哪有這麼誇張，丼飯不就只是把配料放在白飯上而已嗎？」然而，對日本人而言，將配料盛在飯上的行為，本身就是一種不折不扣的「革命」。江戶市街白米豐足，所以誕生了許多提供一膳飯（譯註：作為一餐食用的一碗白飯）、茶漬飯、菜飯的店家，但是並沒有賣丼飯的店。

不用說，天丼或親子丼分別是白飯上放了天婦羅的蓋飯和淋上滑蛋雞肉的蓋飯，在江戶時代雖然有在蕎麥麵上放天婦羅的天婦羅蕎麥麵，和淋上滑蛋雞肉的親子蕎麥麵，但是日本的祖先卻沒人想出把它們放在白飯上的點子。

在這樣的飲食文化下，到距今約二百年前的文化年間（一八〇四～一八一八）發生將配料蓋在飯上的革命，出現了鰻魚丼的發明與上市。這種嶄新的餐食才剛上市，旋即抓住了江戶人的心和胃，然後在鰻魚丼的人氣支持下，陸續誕生了天丼、親子丼、牛丼、豬排丼等大受日本人歡迎的丼飯餐點，但是這些都出現在明治以後，由此可見，將配料盛在白飯上的行為對日本人來說，門檻有多高了。

相較於白飯菜肴分別盛食，丼飯有著完全不同的魅力。掀開丼碗蓋的剎那，香味撲鼻而來，令人食指大動，心跳加速。丼飯中菜肴、白飯與醬汁合為一體，演出全新口味的協奏曲。正因為對這道美食深深著迷，筆者才決定寫一本關於丼飯的書。但是丼飯形形色色，口味眾多，因此本書將聚焦於歷史悠久、人氣不墜的鰻魚丼、天丼、親子丼、牛丼、豬排丼，以史料為依據，寫下這些丼飯的誕生、成為熱門餐點的過程。

看過許多史料後，終於明白了過去一直未被揭露的鰻魚丼誕生時期與背景，天茶（譯註：天婦羅茶泡飯）比天丼先出現的事實，以及雖然會吃雞肉與雞蛋，但卻一直不見親子丼出現、牛丼掀起熱潮的來龍去脈，和豬排丼誕生的過程等。

其他還有各種各類的發現，就請各位一一覽卷讀之。本書也採用了多幅插畫，盡量以視覺的形式呈現這些丼飯誕生發展的過程。

此外，關於引用的文句，我適當的加上逗點及句點，為漢字加上假名，將片假名改寫成平假名。而關於假名遣（譯註：假名的使用）則是遵從引用出處的標記，有可能與所謂的歷史假名遣不同。另外，在引用時會有省略、意譯、白話文譯的表現，筆者會在引用文中的〔〕加注。而雜俳、川柳下會標示出處，但最常引用的《誹風柳多留》則簡稱為《柳》。

序章

丼飯出現之前

一　將白米作為主食的江戶市民

將菜肴盛在米飯上的丼飯，是從江戶誕生發展出來的餐食，主要的原因之一是江戶有豐足的白米可以煮好吃的米飯。

江戶時代，幕府或大名（譯註：各地的諸侯）等的領主經濟之所以成立，其主要的財源來自向農民徵收的年貢米，年貢米為了變現，便流入都市。其中，幕府米、藩米、商人米等大量輾轉輸入大都市江戶，經過米批發商或中盤商之手，交到了碾米鋪的手裡。碾米鋪將進貨的糙米碾成精米，銷售給江戶市民。在延享元年（一七四四），碾米鋪達到二千零四十四家（《享保撰要類集》九）。據推測當時江戶的人口有一百萬人左右，所以碾米鋪的數量平均五百人就有一家。走在今天東京的街頭，舉目所及盡是便利商店，然而它的密度還只不過是一千九百人一間的程度。從人口比來看，江戶街頭的碾米鋪密度比現在的便利商店還高。

如同川柳中吟誦江戶的碾米鋪：「雙足使勁橫木上，一字排開碾米工」（川

柳評萬句合，明和二年，一七六五）

碾米工人排列在店裡，踩著踏臼（唐臼）搗米。（《虛言彌次郎傾城誠》安永八年，一七七九，圖1）。

除了碾米鋪之外，還有搗米的人在大街上來回，他們叫做「米舂」、「舂屋」或是「舂人足」。《四時交加》（寬政十年，一七九八）裡便有描繪他們的插畫（圖2），天保十五

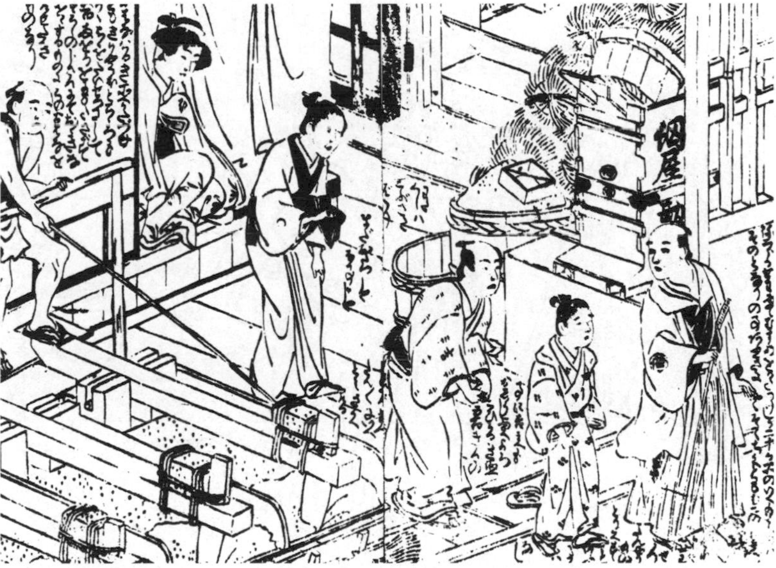

圖1　江戶的碾米鋪，搗米工踩著踏臼搗著米。《虛言彌次郎傾城誠》（安永8年）

年（一八四四）據記錄「春人足」有一千一百一十七人（《諸色調類集》）。

「背著杵推著臼，搗米工走過來」（柳一六五，天保九～十一年）如同這句川柳的吟誦，他們扛著杵，滾動著臼在街上來回，只要有人招呼，就會過來幫民眾搗米。

二　飯館的興盛

江戶市街白米豐足也催

圖2　在大街上搗米，畫師將它畫成四月的風景。《四時交加》（寬政10年）

生了許多供應米飯的飯館，距今二百年前的文化二年（一八〇五）出版了一本名為《茶漬原御膳合戰》的戰爭故事（有插畫的小說），這故事採取室町時代中期開始流行的異類戰爭故事的手法，即是將物品擬人化，分成兩個集團，互相對立乃至戰爭，描述一向生意興隆的一膳見世（見世即商店之意）因為茶漬見世的侵略，生意受到了威脅，因此募集夥伴組成一膳飯集團軍，準備與茶漬見世集團一決死戰的故事。

一膳飯集團軍由「一膳飯之衛門山盛」擔任總指揮，麥飯山藥泥、紅豆糯米飯、黃米年糕、豐年糰子、風鈴二八蕎麥麵（譯註：二八是蕎麥粉與麵粉以二：八的比例揉成的麵團）、街邊小店、攤販等當時興盛的小吃飯館全都加入友軍陣容。而敵對的茶漬飯集團軍則是派出「福山茶漬」（譯註：茶漬飯為福山縣的名產）當總司令，召集了菖蒲、源氏、春日野、芽出、山吹、武藏野、富士梅、朝日、五色、蓬萊、通路、雙葉、揚出等茶漬飯館，又得到鯛飯、蒲燒飯、幕之內燒飯、風流葉茶飯、蓮飯、祇園豆腐的菜味飯、女川菜飯、豆腐茶飯、附大平碗百飯、附中平碗七十二文飯、精進平五十飯等飯館的支持，整軍備戰（圖3）。兩軍終

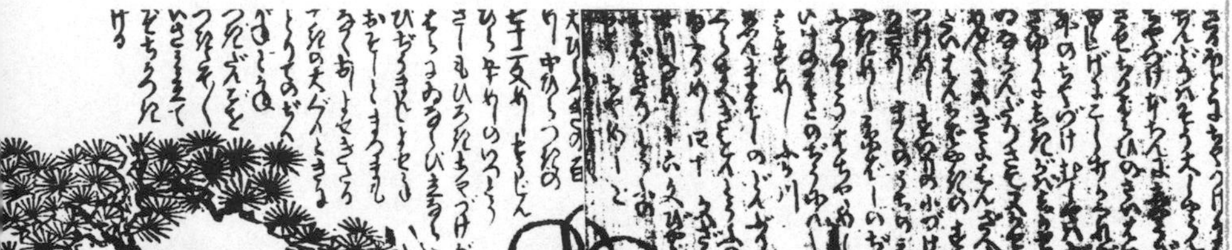

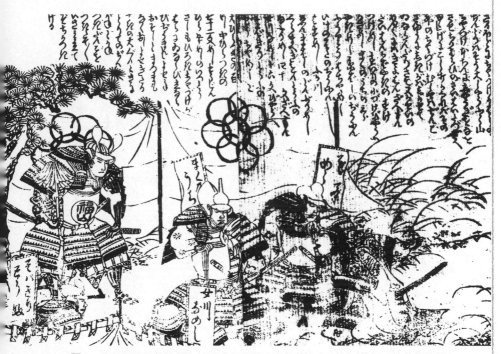

圖3 茶泡飯軍團的陣勢。總司令福山茶漬率領幕之内、女川菜飯、葉茶飯等壯大聲勢。《茶漬原御膳合戰》（文化2年）

於在茶漬原開戰，但是勝負未分之時，「俵兵太糙米一族」闖入兩陣營之間，高喊「米與米本是同根生，互成敵人、同志，與其同類相殘無人得利，不如和睦相處。」為之調停仲裁。追根究底，反正只是米與米的爭執，還是停止無益的戰爭，握手言和吧。於是最後兩陣營接受了仲裁者的忠告，共飲和解之酒。而「糙米一族」為白米大戰仲裁的情節可以說相當有創意。

雖然是一場幼稚的鬧劇，不過從中卻可知曉江戶街頭已經有了一膳飯、紅豆糯米飯、茶漬飯、鯛飯、茶飯、蓮飯、菜飯、百飯、七十二文飯、五十飯等供應飯食的餐館。

後來，鰻魚店加入了這些餐館的行列，鰻魚店剛開始賣的是白飯附加蒲燒鰻，但後來推出鰻魚丼，從此誕生了丼飯這個新的領域。而在鰻魚丼飯出現後，陸續誕生了天丼、親子丼、牛丼和豬排丼等丼飯。

丼飯這領域內口味繁多，所以這裡將就最受歡迎的五種丼飯，追溯其誕生的歷史過程，一探丼飯成為人氣美食的祕密。

第一章

鰻魚丼的誕生

一　鰻魚丼誕生的前夕

蒲燒原本只是下酒菜

正因為鰻魚是剖開烤，所以才美味。元祿時代（一六八八～一七〇四）江戶市街就有鰻魚店，他們習得將滑溜難捕的鰻魚剖開燒烤的技術，販賣蒲燒鰻。到了寶曆年間（一七五一～六四），鰻魚店掛起「江戶前大蒲燒」的招牌，開始賣蒲燒鰻。最初所謂的江戶前，是自享保十八年（一七三三）前後起，人們將在江戶城前面的海或河捕到的美味鮮魚稱作江戶前。但是鰻魚店把鰻魚掛上江戶前品牌，打造成為名產。到了安永年間（一七七二～八一），人們開始將江戶前之外的鰻魚稱為旅鰻，予以區分。現在的壽司店以「江戶前」作為招牌，不過，在江戶時代，鰻魚店已懂得用江戶前鰻魚的品牌力提升業績。

此外，鰻魚店也在經營手法上發揮創意，他們在水槽裡養活鰻魚，店門口表演現烤蒲燒鰻，用香氣吸引顧客上門。《繪本江戶大自慢》（安永八年，一七七九）裡畫了鰻魚店在店門前立著「江戶前，大蒲燒」的招牌，小廝在門口搖著團扇烤鰻魚，後方的水槽裡可看到活鰻在游水（圖4）。「團扇拍出江戶

圖4　店門前立著「江戶前，大蒲燒」招牌的鰻魚店。小廝在門口烤鰻魚，後方可見活鰻魚在游水。《繪本江戶大自慢》（安永8年）

前的風」（柳七二，文政三年）經過的父子朝著店內張望。

藉由這種行銷策略，鰻魚店的蒲燒成了江戶人的人氣美食，但是光顧鰻魚店的客人有限，因為蒲燒在當時只是一道下酒菜。

開始附加白飯的鰻魚店

鰻魚店若想再提升業績，就必須擴大客層，因此他們想到如果將白飯放進菜單中，就能招攬不喝酒的人或女性上門購買，鰻魚店於是在招牌或大門上寫著「附白飯」，開始提供米飯。

最早的例子，是《女嫌變豆男》（安永六年，一七七七）一書中畫的鰻魚店，店前立有寫著「江戶前，大蒲燒，附白飯」的燈籠招牌（圖5）。所以可知這時已經有提供白飯的服務，不過，五年後出版的《七福神大通傳》（天明二年，一七八二）中記載了鰻魚店提供白飯的始末。

「如今，煮賣屋（譯註：販賣煮魚、煮豆、煮根莖菜等熟食的店家，又稱菜屋）、居

圖5　掛著「江戶前，大蒲燒，附白飯」招牌的鰻魚店。《女嫌變豆男》（安永6年）

酒屋大行其道，這是因為喝酒的人很多。江戶前大蒲燒的名店也很多，它不像居酒屋，消費較低，所以也有不少人面紅耳赤的從裡面出來。不過，不管再怎麼愛吃鰻魚，下戶（不喝酒的人）卻是不太光顧，即使想買點回家，又怕衣服沾到燒烤味，故而過門不入。大通天感到痛心，便將米袋送給江戶市裡的鰻魚店。鰻魚店用這袋米煮成白飯提供，於是上戶和下戶全都掏光口袋，用在享用鰻魚香味上。」

這裡描繪的鰻魚店窗格上掛著寫有「附白飯，大蒲燒」的燈籠。店門前的女子和五名婦孺都把視線投向店裡（圖6）。

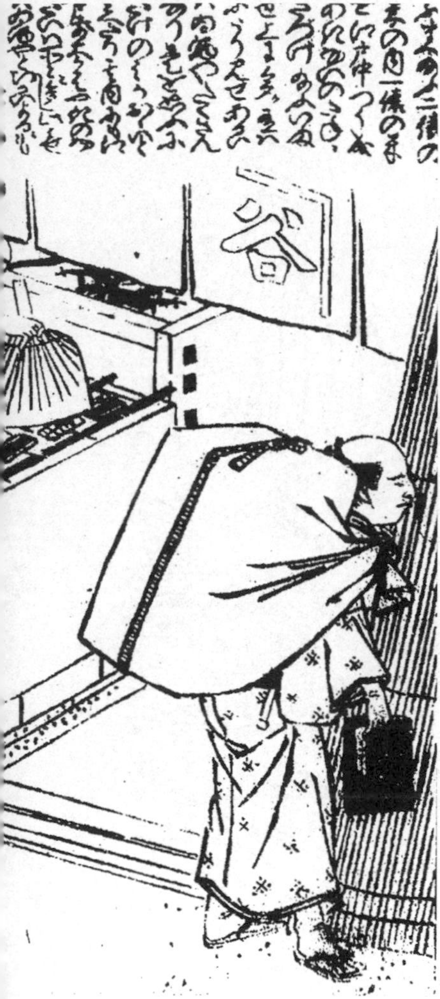

圖6　掛著「附白飯，大蒲燒」招牌的鰻魚店。描繪往來店門前的形形色色人群。《七福神大通傳》（天明2年）

由於七福神中的大黑天腳踏米袋，此書的主角大通天便搞笑模仿大黑天，將米袋贈於鰻魚店，開啟了鰻魚店附白飯的菜單，這雖然是牽強附會的故事，不過從中便可一窺鰻魚店不只有酒客光顧，連一般不喝酒或女性也都會上門買鰻魚的景象。

「附白飯」幾個字告知了店內提供白飯，是一句抓住重點的廣告文案，於是許多商家也在招牌上寫了這幾個字，其中如：「附白飯中し字寫成了鰻形」（柳八三，文政八年）的詩所表現，甚至有的店家想出了新點子，將招牌上「附白飯」中的し字寫得像鰻魚般扭曲的形狀（《千里一刎勇天邊》寬政八年，圖7）。

序章中已提過，江戶白米豐足，蒲燒不但適合下酒，與白飯也很合搭。鰻魚店藉著提供白飯獲得了新的客層，店家也不斷增加。據文化八年（一八一一）町年寄的調查，「蒲燒店」的數量已到達二百三十七家（《類集撰要》四四）。

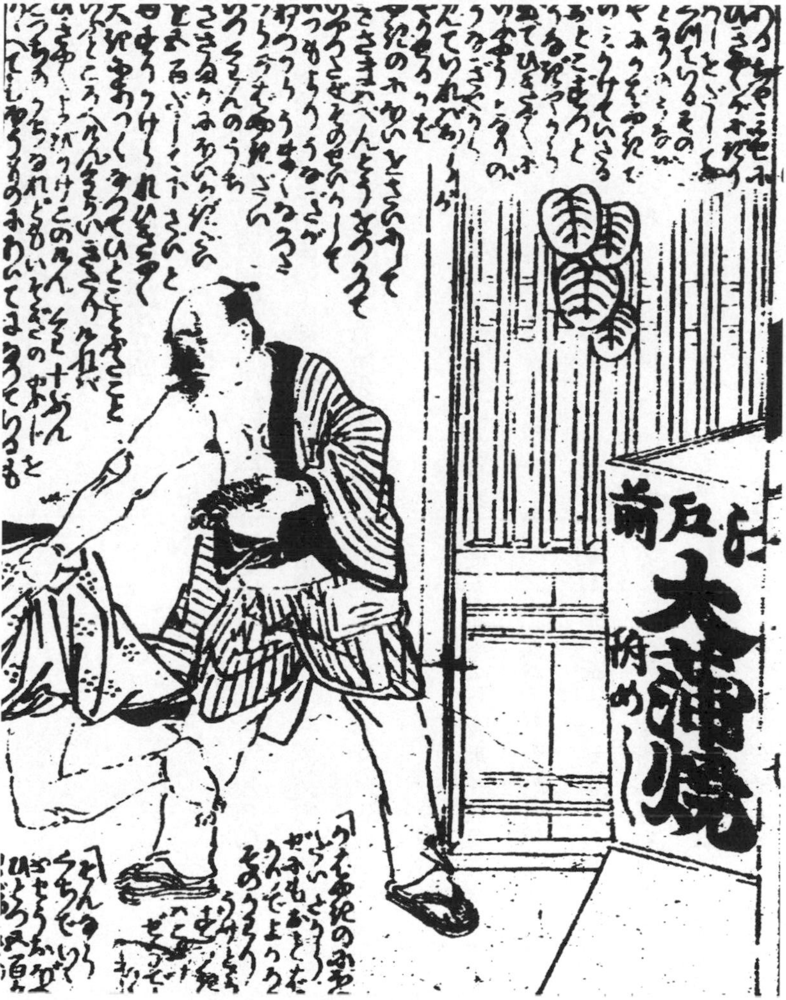

圖7　「附白飯」中的し字寫成鰻魚形狀的鰻魚店。《千里一刎勇天邊》（寬政8年）

二　鰻魚飯的誕生

大久保今助與鰻魚飯

不久後，鰻魚店開始將附帶的白飯與蒲燒鰻盛在一起販賣，鰻魚飯就此誕生。關於鰻魚飯的濫觴，據宮川政運《俗事百工起源》中〈關於鰻魚飯之始與蒲燒〉（慶應元年，一八六五）中記載了緣由。

「鰻魚飯的濫觴始於文化年中，堺野戲臺金主大久保今助。這位今助昔曾侍奉於武士，（略）事事機靈過人，漸漸順風順當，終於成了戲臺的金主，（略）不過他從無奢侈之心，天天到自家戲臺露面。而這位今助嗜吃鰻魚，每頓飯雖然都吃鰻魚，但是絕不超過百文錢。由於總是叫人送到戲臺來，不喜見烤過的魚涼掉了，於是便將飯與鰻魚裝進大碗裡，蓋上蓋子，維持熱度，這種吃法風味絕佳，據說眾人皆倣效，是為鰻魚丼之始。如今，不論哪一家鰻魚店都少不了鰻魚丼的招牌，由於前述緣故，鰻魚丼不得高於百文錢，而今有人說價格高至二百文，甚至三百文。」

文化年間（一八〇四～一八），堺町戲臺（中村座）的金主（贊助者）大久保今助嗜吃鰻魚，為了不讓烤好的鰻魚冷掉，他將鰻魚夾在碗公的米飯之間，差人送到戲臺，是為鰻魚飯之始。由於風味非常好，引起眾人的倣效，以至到了今日，不論哪家鰻魚店都賣鰻魚飯。

大久保今助是何許人

大久保今助出身水戶藩領地，根據《三百藩家臣人名事典》〈常陸國水戶藩〉（昭和六十三年）中提到：

「大久保今助：寶曆七年～天保五年（一七五七～一八三四）水戶藩鄉士。

八代藩主德川齊脩時受到拔擢。父文藏，為久慈郡龜作村的農民。早年便離家到江戶，從事買賣，成為富豪，出入水戶藩勝手方（譯註：管理財稅行政事務的單位），功績卓著，文化十四年賜予五人扶持。之後，因向水戶藩捐出大筆獻金（略），一再高升，並將今助改名為伊麻祐秀房。進而與重臣關係密切，成為活躍的政商（略），同（文政）十一年晉升為御城付格。」

今助出生於常陸國久慈郡龜作村，為農民之子，但早年即前往江戶，做起買賣，成為富豪。文化十四年（一八一七）被拔擢為水戶藩士，之後不斷加官晉爵，文政十一年（一八二八）升至「御城付格」。所謂「御城付」，在水戶家乃僅次於家老、若年寄、御側御用人、御用人的要職。

關於今助被水戶藩拔擢之前的狀況，在加藤曳尾庵（寶曆十三年～天保四年左右）的〈今助傳〉有詳細的記載。

「今助生於常州水戶領邊垂村，自幼年起即任性妄為，十七、八歲時至江戶，在各地中間奉公八、九年。廿六、七歲時，成水野出羽侯的出頭人（家老）土城縫殿助之草鞋取。後為勘三郎戲臺（中村座）之火繩販，漸漸出人頭地，認真節儉，多蓄金銀，或仰賴權貴者融通莫大錢財，成為戲臺金主，以此渡日二十年餘。隨著富甲一方，益加受人尊敬。即使小兒，無人不知今助之名。」（《我衣》卷十九，文政八年）

今助生於水戶藩領的邊垂村（《三百藩家臣人名事典》中記作龜作村），十七歲（安永二年，一七七三）來到江戶，為人跑腿效力。二十六歲（天明二年，一七八二）時，為老中水野忠成之用人土方縫殿助提草鞋。之後，在中村座賣火繩（觀眾點煙用的火種），一面節儉，儲蓄金錢，經營金融業而致富，成為戲臺的金主。

大久保今助為中村座的救世主

關於今助成為堺町中村座金主的時期，詳細記載於〈中村歌右衛門傳〉中。

此文收於歌舞伎演員——第三代中村仲藏（文化六年～明治十九年）的自敘傳《手前味噌》（昭和四十四年）中。其中提到在中村座資金周轉困難，以及文化四年（一八〇七）第三代歌右衛門自大坂下江戶時，都提供了資金，助中村座順利開臺演出時，

「初日登場（略）歌右衛門以藝道博江戶人氣，觀眾蜂擁以致分道的程度。若未見歌右衛門者皆引以為恥。因而原本公演日數多，一旦暫時停演，便生意蕭條的中村座，此時連茶屋、出方〔帶客入座和跑堂的人〕俱皆起死回生，奉今助與歌右衛門為神明。此外，今助以八十兩的資金，已得千兩以上之利潤，靠著後來的演出，成了獨力支持的金主，短短時間富甲一方，之後擁有多方土地、家宅，向出入的官家多有獻金，獲賜大久保之名，成為一武士，相當於水戶家御家來，輝煌的經歷眾人皆知。」

今助以戲臺資助者大獲成功（圖8），並且賺得萬貫家財，進水戶家作官，賜姓大久保。

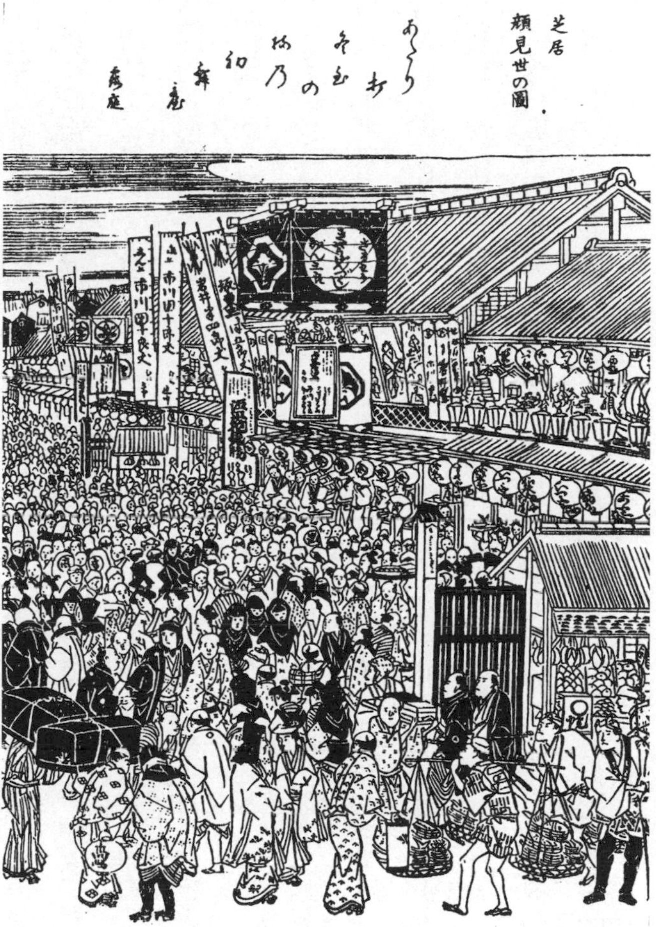

圖8　堺町的中村座。屋頂上的高臺寫著「堪三郎」（中村座的老闆）。《東都歲時記》（天保9年）

關於歌右衛門下江戶的時期，上述記載與其他史料略有出入。《三升屋二三治劇場書留》（天保末年）記載「文化五年中村歌右衛門始下」。石塚豐介子編《街談文文集要》（萬延元年）為「文化五年中村歌右衛門始下」。而石塚介子豐編的《街談文文集要》（萬延元年）也寫道：「文化五戊辰三月廿三日，中村座，第三代中村歌右衛門初下」，所以確定是文化五年。

而關於今助以戲臺金主，大展拳腳的時期，《三百藩家臣人名事典》記載，文化十四年於水戶家仕官，然而加藤曳尾庵的〈今助傳〉卻寫「成戲臺金主，以此渡日凡二十年餘」，今助是在文化五年（一八〇八）時成為金主，若是根據這個資料，他應是在文政十一年（一八二八）左右才在水戶藩成為仕官。

雖然史料有所出入，但是我們可以確定，今助自文化五年左右起，成為堺町中村座的金主飛黃騰達了十年（文化年間），而鰻魚飯就是在這段時期上市的。

文化年間賣的鰻魚飯

青蔥堂冬圃寫的《真佐喜之桂》當中記載了做鰻魚飯生意的人物軼事：

「市內鰻魚飯最初是某個在四谷傳馬町三河屋人家裡當差的人，辭去工作後在葺屋町後巷開始做的生意，吾年幼時，生意漸漸昌盛，由於頗受好評，吾便隨人前去一探究竟，原來是把蒲燒鰻夾於丼飯也。價僅六十四孔（文），因此店大為流行，眾皆倣效之，價格也日益高漲。」

《真佐喜之桂》出版年不詳，據序文及文中的記述，作者於文化元年（一八〇四）生於江戶深川商家，其後與父親一同移居四谷，天保（一八三〇～四四）初期離開江戶一段時間，弘化（一八四四～四八）年初回到江戶。因此，鰻魚飯上市的「吾年幼時」即為文化年間（一八〇四～一八），當時住在深川或四谷的作者，確實親自去參觀過。

鰻魚飯上市是今助成為劇院金主的時期，因而，那時候賣的鰻魚飯夾在蒲燒當中（今助格式）。此外，這家店所在的葺屋町（中央區日本橋堀留町一丁目、人形町三丁目），與今助在中村座叫鰻魚飯外送的堺町相毗鄰，葺屋町裡有市村座，這兩個町便以中村座與市村座為中心，如雨後春筍般發展出人形淨瑠璃、雜技屋、料理店、各種茶店，形成江戶最大的娛樂區，整體統稱為二丁町（圖9）。

鰻魚飯應該可以視為文化年間在今助的創意啟發下而在堺町開賣。

如《真佐喜之桂》中所述「因此店大為流行，眾皆倣效之」，這項新買賣大受歡迎，賣鰻魚飯的店家也越來越多。在人情本（譯註：專門描寫庶民情愛為主題的故事）《風俗粹好傳》（文政八年，一八二五）裡敘述了年輕夫妻開鰻魚飯店的故事，以太太的口氣述說：「看準前往大磯聖天町花街頭的客人，開店賣鰻魚飯，正好是七年前的事。」江戶文學或歌舞伎作品為了避諱江戶地名，常以鎌倉或大磯的地名取代，以本書來說，由於大磯有城廓，因而意指吉原，可以推測小夫妻開鰻魚店的地方，設定在吉原附近的淺草聖天町。儘管是杜撰的故事，不過從中可以窺知文政年間（一八一八～三〇）初，鰻魚飯館已在葺屋町以外的地方出現，也看得出賣鰻魚飯的店家增加。文政十二年，有人寫詩云：「虛空藏在鰻魚飯菩薩中」（柳一一〇）菩薩代表米（飯），虛空藏代表鰻魚（鰻魚據稱是虛空藏菩薩的信使），所以鰻魚飯是將蒲燒夾在飯中間。又有川柳詞云：「一片盛其上，丼碗不見飯」（柳一二三別篇，天保三年）所以鰻魚飯盛在丼碗裡。

存在於今助之前的鰻魚飯

文化年間根據今助的點子，市面出現了鰻魚飯，不過在今助之前，還有別人也有過相同的創意。尾張藩士石井八郎在江戶執勤時所寫的《損者三友》（寬政十年，一七九八）中提到，愛好相撲的荻江節（長曲的一種）演員荻江東十郎，曾在觀賞相撲時，帶著白飯夾蒲燒的方形套盒前往。他透露：

「去看角力（相撲）時，我總是在小套盒裡裝滿白飯，飯中夾上一片蒲燒，再盛飯，再加一片蒲燒，再盛飯，然後將蓋子緊緊壓實，另外在酒壺裡裝了

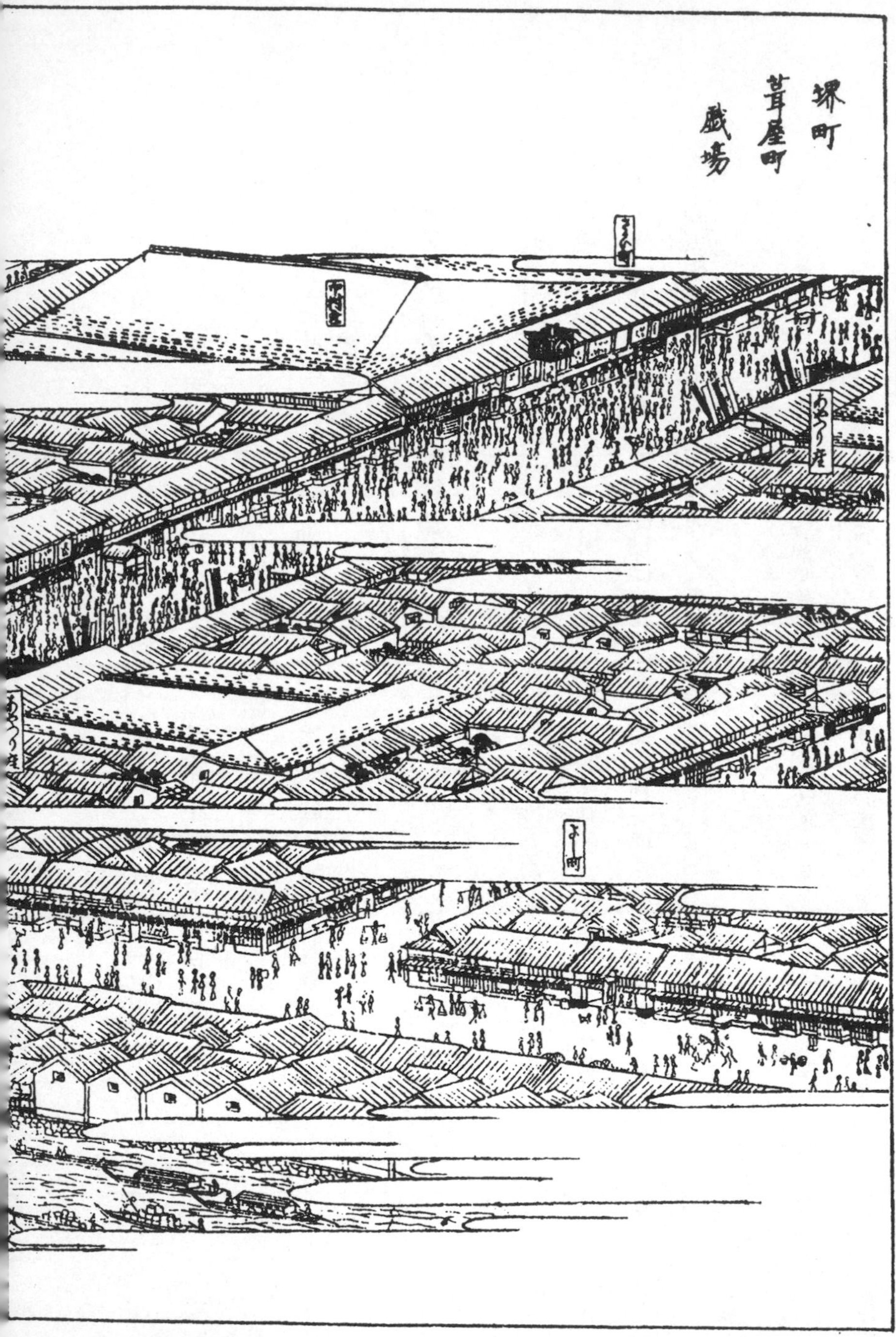

さかい町

中村座

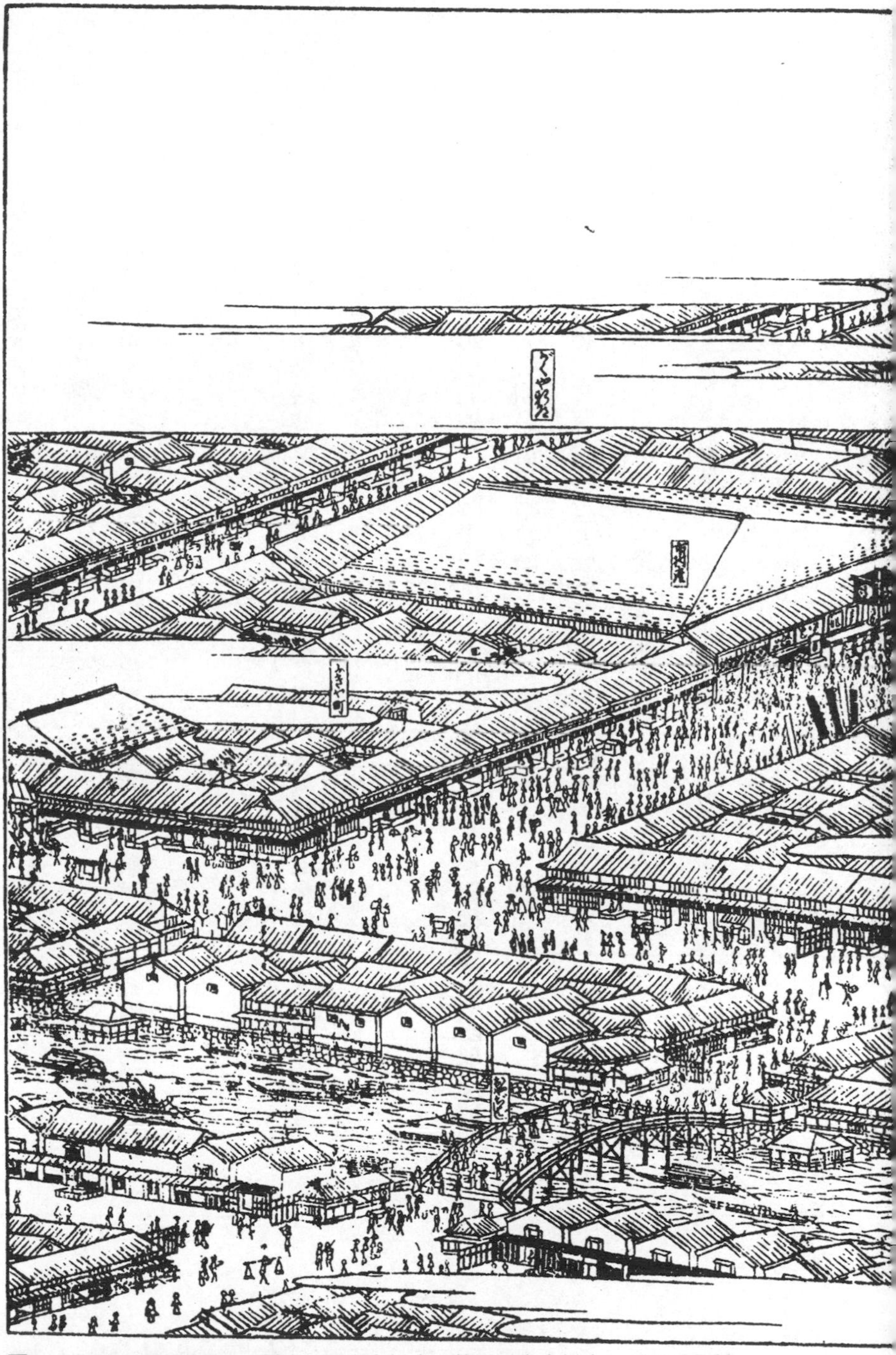

圖9　二丁町的熱鬧景象。圖中堺町有中村座，葺屋町有市村座。《江戶名所圖會》（天保5～7年）

茶，一起帶去。」

另外，享和二年（一八〇二）出版的食譜書《名飯部類》中也記載了鰻魚飯的作法：

「鰻鱺飯：將鰻鱺照常做成蒲燒，熱家常飯與鰻鱺於飯桶中交疊數層，加蓋封置，容後食之。」

還是一種防止蒲燒冷掉的手法，為了「容後食之」，在飯桶裡將熱飯與蒲燒交互疊加放入，再加蓋密封的方法。

因而，雖然大久保今助是促成鰻魚飯販售的人物，但是不能算是最早想出鰻魚飯這個點子的人。這部分也就是「始祖」說較困難的地方。

號稱鰻魚飯始祖的店

歌川芳艷畫作〈新版御府內流行名物案內雙六〉（嘉永年間）裡有「葺屋町，鰻魚飯」，描繪盛在丼碗裡的鰻魚飯（圖10），從所在地來看，這家店似乎是鰻魚飯的創始店，鹿島萬兵衛的《江戶的晚霞》（大正十一年）一書記述幕末到明治江戶街景，書中寫「鰻魚丼的始祖為葺屋町的大野屋（大鐵）」，這家店似乎就是大野屋。大野屋本身也自稱始祖，在《東京買物獨案內》（明治二十三年）中刊登「始祖鰻飯，日本橋區葺屋野，大野屋鐵五郎」的廣告（圖11）。

圖10 「葺屋町，鰻魚飯」的店。〈新版御府內流行名物案內雙六〉（嘉永年間）

大野屋應該是鰻魚飯的始祖店，

圖11 自稱鰻魚飯始祖的「大野屋」。《東京買物獨案內》（明治23年）

不過問題出在這家店開賣鰻魚飯的時期，按《東京名物志》（明治三十四年）的記載，「大野屋，日本橋區葺屋町，天保七年。此家店主最早想出鰻魚丼的吃法，在店裡開賣，因合乎世人的口味，店家與鰻魚丼一同博得名氣。」而《月刊食道樂》第七號（明治三十八年十一月號）中也寫道「鰻魚丼始於天保七申年，江戶葺屋町（日本橋區）的大野屋」，兩本書都提及是在天保七年（一八三六）開賣，但是，這時期鰻魚飯早出現，所以時間對不上。

大野屋始祖說雖然有疑問，但已成為定論，大正六年四月二十七日的東京《朝日新聞》報導：

「江戶人的代表性食物，不外乎初鰹與蒲燒。前者吃心情，後者吃口味，所謂江戶前的蒲燒，又以靈巖島的大黑屋、島原的竹葉、鰻魚丼始祖葺屋町的大野屋等店為宗。」

雖然有意查核事實，無奈大野屋已經歇業。深川「宮川」的店老闆宮川曼魚在《深川的鰻魚》（昭和二十八年）中懷念過去的大野屋時，提道「直到前兩年，這家大野屋都還在葺屋町，巷口處還放置了燈籠，寫著『始祖鰻魚飯』」。

大野屋在《東京買物獨案內》（明治二十三年）中以始祖自稱，掛著「始祖鰻魚飯」的招牌經營到戰爭剛結束未久，這也許是大野屋始祖說誕生的原因之一吧！

三　讓鰻魚飯成為熱門美食的創意手法

《守貞謾稿》中的鰻魚飯

記錄天保八年（一八三七）到嘉永六年（一八五三）間江戶習俗的《守貞謾稿》（嘉永六年，一八五三〈慶應三年，補記到一八六七〉），關於「鰻魚飯」有詳細的說明（圖12）。

「鰻魚飯：京坂稱為『まぶし』（Mabushi），江戶稱為『丼』，為鰻魚丼飯之簡稱。京坂一帶的生洲（譯註：做宴席菜的餐廳）兼賣此飯食。於江戶，前述之有名的鰻魚店不賣，中等以下的鰻魚店兼賣，或者專賣這道飯食。江戶鰻魚飯售價有一百文、一百四十八文、兩百文，如圖所示盛在牽牛花形的丼缽裡。缽底先添少許熱飯，將五、六條長三、四寸小鰻去頭後烤之，放於飯上，然後再添熱飯，其表面再放六、七條前述之小鰻。（略）必定附上一付引裂箸（譯註：引裂乃掰開之意，此即免洗筷）。此箸自文政年起在三都開始用之，自杉木方箸中央切割，於將食之時掰開用之。不得重複使用，以證清潔。」（「卷之五・生業」）

書中敘述了幾種鰻魚店將鰻魚飯哄抬成江戶人熱門美食的創意手法，以下便一一介紹。

圖12 鰻魚飯的畫。圖中畫了兩種鰻魚丼，左側是在碗蓋上放著免洗筷，右側的丼飯上盛著蒲燒小鰻魚。

將主食和單品菜肴組合上桌的鰻魚飯

首先，鰻魚飯最令人注目的是它「盛在丼缽」裡，丼這種餐具的名字，從元祿時代就已經出現，搜集當時男性日常生活重要資訊的《男重寶記》（元祿六年）裡〈烹調用各項器具用字〉中列舉了「丼」的名字。

人們用丼碗作為盛放料理的餐具，不久後出現了一膳飯屋，店家將白飯盛在丼碗中供應，文化年間（一八〇四～一八一八），江戶街頭誕生了許多家一膳飯屋（圖13）。

將一膳飯的丼搭配蒲燒這道菜推出，即是鰻魚飯了。此時期的江戶市內，除了一膳飯屋之外，賣飯的店家還有茶漬屋、奈良茶飯屋、菜飯屋、百飯屋等（參照序章）。但沒有將飯與一道菜組合販售的店。鰻魚飯是主食白飯與菜肴組合在同一個丼缽中，可以算是劃時代的新創意菜單。如《守貞謾稿》中敘述「鰻魚飯」「在江戶稱之為『丼』」一般，鰻魚飯通稱為「丼飯」，因為當時還沒有別種口味的丼飯，鰻魚飯乃是首創「丼飯」，是日本料理史上的一次革命。

在人情本《春色戀迺染分解》四篇（文久二年，一八六二）裡，窯子裡的嫖客與妓女有段對話描寫想吃鰻魚飯的景象，嫖客問女子「要不要叫丼飯來吃呢？還是光吃烤的？」妓女答道：「啊，丼飯的話，滲了醬汁的白飯真好吃呢！」由此可知當時的人將鰻魚飯稱作「丼飯」或是「丼」。假名垣魯文於明治四年出版的《西洋道中膝栗毛》六

圖13 雜司之谷的一膳飯屋。招牌寫著「一膳飯，酒菜」，也供應水酒。《雜司之谷紀行》（文政4年）

篇中也有「叫個稻半的雞肉火鍋或者是伊豆熊的鰻魚飯吧！」的台詞，鰻魚飯也附上「どんぶり」的注音，直到明治時代，鰻魚飯都還被稱為丼飯。

另外值得一提的是，江戶因為將鰻魚飯盛在丼缽裡，所以稱為「丼飯」，相對的，京坂地區因為將蒲燒鋪在飯上，所以稱為「まぶし」（譯註：發音為Mabushi），但是後來在奈良、大阪、京都、岡山等地，慢慢演變成「まむし」（Mamushi）（《全國方言辭典》昭和二十六年）。在東京根岸養病的正岡子規說，「大坂人將鰻魚丼稱為『Mamushi』，實在難以入耳。若是我當上大坂市長，第一道命令就是禁止使用『Mamushi』這個詞。」（《仰臥漫錄》明治三十四年九月十六日）。

運用廉價小鰻魚做鰻魚飯

接著，我想聚焦在鰻魚飯用的小鰻魚上。鰻魚飯通常會用到十條以上、去頭之後長「三、四寸」（約九公分～十二公分）的小鰻魚。

江戶時代還沒有鰻魚養殖的事業，撈捕的鰻魚有大有小，但是鰻魚店掛起「大蒲燒」的招牌做買賣，在江戶，大鰻魚的商品價值高，大串的價格貴，小串的價格便宜。鰻魚店為了販售小鰻魚，所以將大小蒲燒湊成一盤來賣，但是有些一流的餐館只賣大串，在這種情勢下，鰻魚店開發出鰻魚飯這道菜單，找到有效運用小鰻魚的方法。

用小鰻魚做的鰻魚飯比蒲燒便宜，據《守貞謾稿》的〈鰻蒲燒行市〉（〈卷之六・生業〉）記述，蒲燒的價格「江戶以陶盤盛之，大一串，中二、三串，小四、五串為一盤。各價二百錢」，即一盤二百文，但鰻魚飯只要一百文就能吃到。當時有川柳詞云道：「百文出，菩薩中，虛空藏」（種瓢子十二集，弘化年間）（圖14）如同前述（四五頁），菩薩指的是米飯，虛空藏代表鰻魚。

即使如此，鰻魚飯比只要十六文的蕎麥麵貴得多，不過，對江戶市民而言，蒲燒漸漸成為日常可見的食物。

用小鰻作為鰻魚飯的材料，後來仍然延續，大正四年（一九一五）五月二十一日的《都新聞》報導，今年鰻魚的「行情，大魚（約七八十匁到一百匁

圖14 掛著「鰻魚飯，蒲燒」招牌的鰻魚店。《種瓢子》十二集（弘化年間）

左右（譯註：匁為重量單位，一匁相當於三・七五公克，是一匁的一千倍為一貫））），價格為每一貫六圓五十錢上下，中魚（四、五十匁）為五圓，丼飯（十匁到十五六匁）為二圓五十錢左右。此外，夜攤子或居酒屋等使用的小鰻魚，為每一貫一圓左右。」

鰻魚的行情，越小的魚每一貫的單價就越便宜，十匁到十五六匁（約三八～六〇公克）的丼飯用小鰻，價格只有七、八十匁到百匁（約二六三～三七五公克）大魚的近三分之一，也可以用四、五十匁（約一五〇～一八八公克）的中魚半價買到，夜攤子、居酒屋會選更小的幼魚，價格也更加便宜。

後來，養殖鰻魚普及之後（後述），小鰻魚的鰻魚飯便消聲匿跡了。昭和二十九年出版的《鰻》其中〈有關鰻魚的問卷〉，收集了各界知名人士的投稿，其中，日本畫家鏑木清方（明治十一年～昭和四十七年）偏愛中串或小串蒲燒更甚於油滋滋的大串，他懷念著世面上已經看不見的小鰻鰻魚飯說：

「近來幾乎再沒有機會見到，令人十分不捨。它應該歸屬於小串，但這種幼鰻約只兩寸，細長小巧，沒有一絲油脂，這種幼鰻用在鰻魚飯時，會先在底部鋪一層白飯，接著擺上成排的幼鰻，再鋪一層飯，然後再排一層幼鰻，鰻魚有雙層。如果現在還有這種丼飯，小孩子一定很開心吧。」

附上免洗筷的鰻魚飯

第三個值得注意的特點，鰻魚飯「一定附上免洗筷」。

用筷子吃飯的方式始於中國，後來傳到日本，而日本從一千三百年前也開始用筷子吃飯。不過，免洗筷卻是日本的發明，在江戶小吃店發展過程中出現的產物。

江戶的免洗筷製作，開始於十八世紀末期，山東京傳撰寫的《金金先生造化夢》（寬政六年，一七九四）中描述了掛起「訂製：各式筷子」招牌的筷子店，文中即可見「引裂箸」（免洗筷）的名字（圖15）。另外，京傳的另一本作品《忠臣藏即席料理》（寬政六年，《假名手本忠臣藏》的戲謔仿作）裡，遭到高師直（吉良義央）侮辱的鹽谷判官（淺野長矩）恨得「掰開引裂箸（免洗筷）」（圖16）。

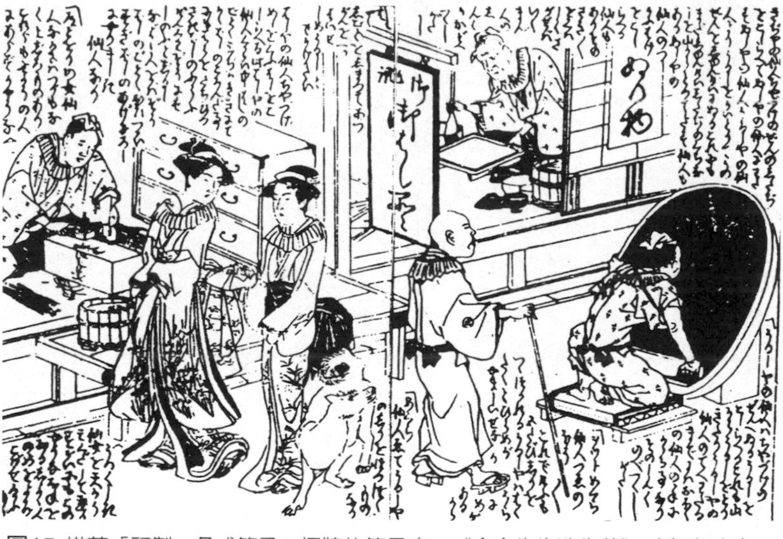

圖15 掛著「訂製：各式筷子」招牌的筷子店。《金金先生造化夢》（寬政6年）

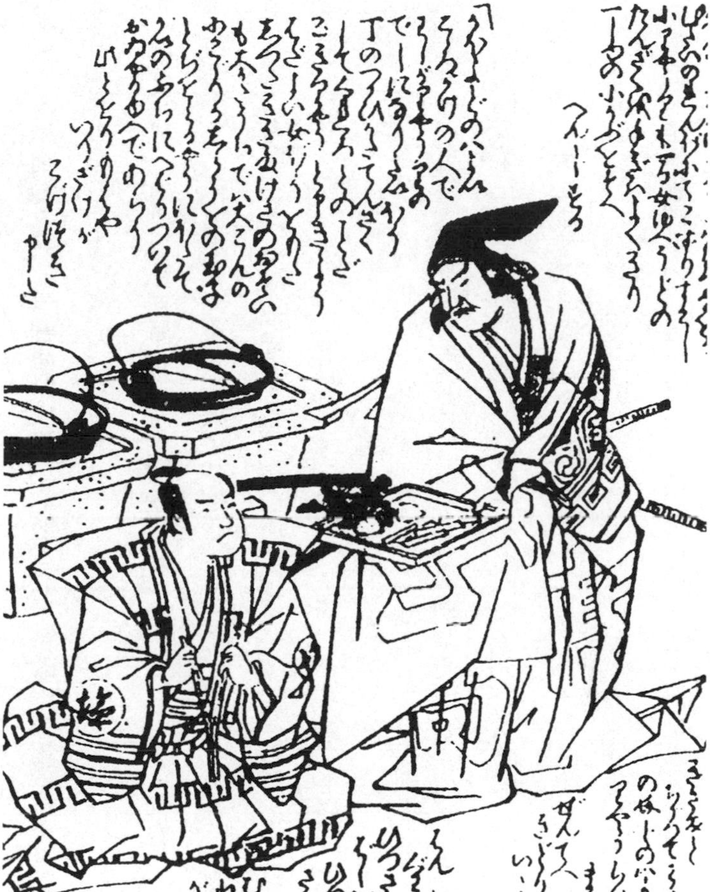

圖16 氣得掰開免洗筷的鹽谷判官（左側的人）。《忠臣藏即席料理》（寬政6年）

引裂箸現在又叫做割箸，剛開始時，很多人不知道割箸這種筷子，有川柳詞云：「人見割箸大笑，單箸何以成筷」（柳二九，寬政十二年）意思是有人拿出割箸，旁人卻哄笑他只拿了一支筷子。

十返舍一九的《旅恥辱書捨一通》（享和二年，一八〇二）裡寫道，店家端了料理出來，只附上一支筷，客人見狀抱怨，「一支筷怎麼吃呢？」店家回答：「客人您有所不知，這是割箸，我們這裡用這種筷子。」（圖17）。從鄉下到江戶的人露出不解的表情。有川柳詞云：「鄉人見割箸，疑惑大不解」（柳三二，文化二年，一八〇五）

《守貞謾稿》中寫「自文政以來，三都開始使用。」但是在文政年間（一八一八～三〇）以前，江戶就已經在用免洗筷了，這段話應該解釋為，到了文政年間，大坂與京都也都開始使用。

文政年之前的年號是文化年（一八〇四～一八），這個時期，江戶開始販售鰻魚飯，雖然我們不知道鰻魚飯何時開始附送免洗筷，但是《守貞謾稿》說「必定」附上，所以我們可以認為，在免洗筷還沒有那麼普及時，鰻魚飯就已經附送

圖17 放在方盤裡的菜和免洗筷。《旅恥辱書捨一通》（享和2年）

了，因為免洗筷適合鰻魚飯。

當時江戶市內，雖然也有漆筷，但是市面上一般看到的都是木質原材，沒有任何加工的白木筷。如《守貞謾稿》裡說割箸乃「杉木方箸中央切割」，所以是用白木杉製作，與重複使用的「杉筷」同等價格販售。用完即丟的免洗筷成本高，但是鰻魚店賣的鰻魚飯卻附送一雙杉木筷。江戶時代沒有中性清潔劑，餐具的清洗都是使用草木灰或木炭，油汙則用鹼水或米糠，但一般都是用棕刷水洗。

蒲燒鰻自元祿時代在江戶市面販賣，但是蒲燒的供應方式與京都不一樣，《守貞謾稿》「卷之六．生業」中提到京坂（京都．大坂）「拆去竹籤，盛於碗中」，而江戶「不拆竹籤，盛於碗中」，由此可知江戶飯館不拆竹籤送到客桌上。因而，江戶人習慣拿起竹串咬食蒲燒（圖18），但就算是用筷子吃蒲燒，筷子也不會像吃鰻魚飯那樣弄髒。

鰻魚飯澆的醬汁會滲進米飯中，所以筷子通常一吃就髒了，而且白木筷的油汙很難清除，用過即丟的免洗筷最適合。鰻魚店雖然成本增高，但是免費提供在江戶市面開始隨處可見的免洗筷，給人清潔感。鰻魚飯的普及免洗筷功不可沒。

江戶的鰻魚店利用把江戶前鰻魚打造成一個品牌，把在土用丑日（譯註：土用為夏至後第三個庚日後三、四十天，此指兩個土用之間的丑日，日本自古即有夏天吃鰻魚補身的説法）吃鰻魚變成例行活動，這些都造就了蒲燒成為江戶人熱愛的美食，但是鰻魚店的創意手法不僅於此，還在筷子上動腦筋。

圖18 成串的蒲燒。一個人吃著竹串上的蒲燒，他對面的人右手邊的盤子裡擺著剛吃完的竹籤。《狂歌四季人物》（安政2年）。

調製最適合鰻魚飯的醬汁

鰻魚飯之所以受歡迎，也不能忽略店家在蒲燒醬汁上下的工夫。

在文化文政時期（一八〇四～三〇）之間，「關東本地生產」的濃口醬油產量漸大，取代了京都薄口口味的「京品醬油」。

江戶鰻魚店採用江戶市占率較高的本地產醬油，調製出更適合蒲燒的醬汁，而且也選用味醂取代酒，與醬油搭配使用。

在洒落本（譯註：江户中後期在江户流行的花街文學，描寫窯子裡妓女與嫖客的故事）《花街的滑稽鬧劇》裡，其中一個人物便這麼評論鰻魚店：

「下谷的星鰻，用了不對的新醬油。銀座的鈴木太甜不好吃。深川的銀杏屋、新堀的越後屋等的旅鰻吃不得。」

「銀座的鈴木太甜不好吃」這句話裡的「鈴木」是銀座尾張町（中央區銀座五丁目到六丁目）的鰻魚店，山東京傳在《早道節用守》（寬政元年）中描繪過這家店，而且特別畫出招牌和拉門都寫著提供白飯的「附飯」（圖19）。這家店

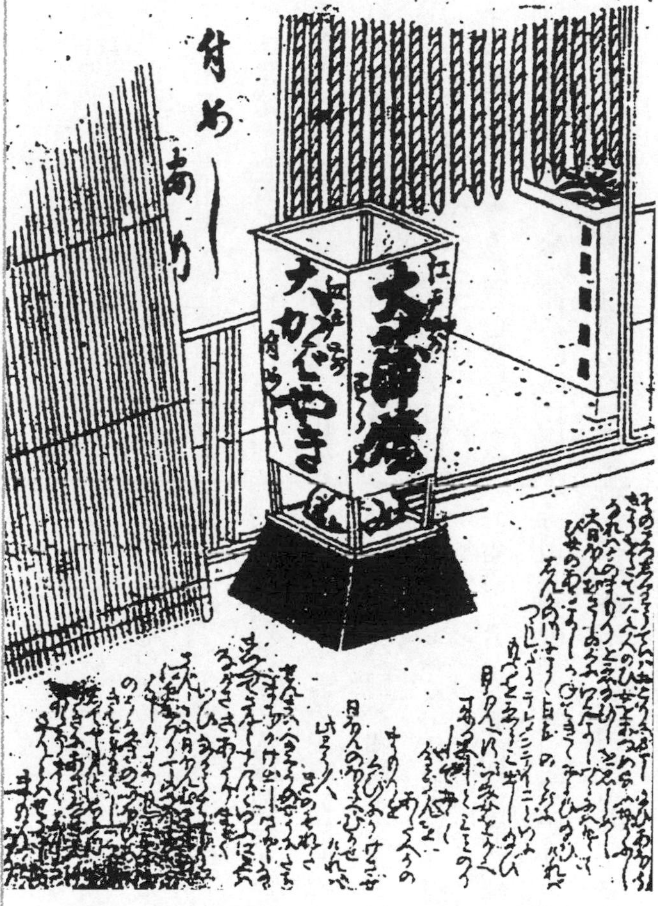

圖19　「鈴木」蒲燒店，招牌上寫「大蒲燒，附飯」，拉門也寫「附飯」。《早道節用守》（寬政元年）

在醬汁外加了味醂來帶出甜味，調製出與米飯合搭的口味，但是，以往鰻魚都是作為下酒菜，醬汁比較鹹，也許有些江戶人吃不慣這種甜味較重的醬汁吧！

文化年間已出現了將味醂加在蒲燒醬汁的店家，不過《守貞謾稿》〈卷之六・生業〉有云：「江戶烤此魚（蒲燒）時，於醬油中和入味醂酒，京坂則和入各種白酒。」由此確定江戶人在醬汁裡使用味醂。蒲燒刷上偏甜的醬汁，更適合鰻魚飯，如同前面引用的人情本《春色戀迺染分解》四篇（文久二年，一八六二），煙花巷裡嫖客與妓女的對話中，妓女說：「哎，丼飯裡的米飯滲了醬汁真美味啊！」鰻魚飯正是蒲燒、白飯、偏甜醬汁合為一體創造出的美味。自文化年間鰻魚誕生以來，江戶的鰻魚店便一直用心調製適合鰻魚飯的醬汁。

相對於江戶的味醂，京都用的是酒，但是到了明治時代出現了變化，篆刻家楠瀨日年（明治二十一年～昭和三十七年），在前面介紹過的《鰻》（五九頁）一書中，寫了一篇〈關西的鰻料理〉，透露出對失去大阪式鹹辛口味的惋惜：

「說到大阪的鰻魚料理，那時——甲午戰爭前後到日俄戰爭前後……最具特色，因為之後東京口味的鰻魚料理漸漸傳至京阪，尤其大阪最為明顯，因而失去了真正的京阪風格。例如，就以醬汁這一點來說吧，大阪完全不用味醂，只用酒下去熬煮，所以少有甜味，甚至可以說它以鹹味取勝。」

日俄戰爭（一九〇四～〇五）之後，關西也學著東京使用味醂做出偏甜口味的醬汁。

四　從鰻魚飯到鰻魚丼

一流飯館的菜單上也有鰻魚飯

鰻魚飯用有碗蓋的丼碗裝盛販賣，從《守貞謾稿》的「丼鉢」圖片，可看到丼碗上蓋著漆器的碗蓋。鰻魚飯本是為了保持烤好蒲燒的熱度，不至涼掉而衍生的產物，而餐具加蓋也是為了提高保溫效果，但是，這麼一來反而為鰻魚飯帶來蒲燒所沒有的表演效果。以美食通聞名的山本嘉次郎說「吃丼飯的樂趣之一，在於揭開碗蓋那一刻，在於揭開碗蓋時四溢的香味。鰻魚丼有它的香味，發揮出與蒲燒截然不同的鰻魚丼個性。」（《洋食考》昭和四十五年），如他所說，鰻魚飯有蒲燒所沒有的魅力，撩撥起江戶人的食慾。

鰻魚飯越來越受歡迎，有川柳詞云：「土用欲食鰻魚飯，外賣久等卻不來」（柳一四三，天保七年）描述土用丑日，叫了外賣卻一直未能送到。鰻魚飯的蒲燒不容易變涼，很適於外送，所以訂單爆增。

《守貞謾稿》當中提到「在江戶，有名的鰻店不賣此飯。」一流飯館並沒有賣鰻魚飯，但是後來人氣漸高，一流飯館慢慢也開始賣起鰻魚飯了。《狂歌江戶名所圖會》（安政三年，一八五六）中有川柳詞云：「水道橋旁茶水甜，森山鰻魚丼價低廉」森山是神田川上水道橋旁的老店，《繪本續江戶土產》（明和五年，一七六八）中描繪豎起「大蒲燒」招牌的森山蒲燒店。（圖20）

在森山這種名店開始吃得到低價「鰻魚丼飯」了，幕末前往日本的英國外交官亞尼斯特．薩道義（Ernest Satow）在回憶錄中寫道，慶應三年（一八六七）

十一月七日，「與外語學校（開成所）的教師柳川春三一同到靈巖橋的大黑屋吃了一頓鰻魚飯。」（《一名外交官眼中的明治維新》下，昭和三十五年。原書 *A diplomat in Japan*，一九二一年），他應該是第一個在日本吃鰻魚丼的外國人吧。大黑屋是江戶首屈一指的鰻魚店，嘉永六年版的《細撰記》〈鰻魚店蒲八〉為二十九家鰻魚店做了排行榜，大黑屋獨占鰲頭（圖21）。

做鰻魚飯的店逐漸增加，連這種頂級的店都推出鰻魚飯，明治元年出版的《歲盛記》〈大蒲屋概況〉也為二十九家店做了排行榜，店名下附記了「大串、中串、小串、丼飯、重箱（譯註：重箱即日本裝膳食的套盒，有二層、三層或四層，所以稱為重箱）」等字，「大串」、「中串」、「小串」寫的是蒲燒的大小，「丼飯」、「套盒」則是盛裝鰻魚飯的容器。所以可知這些店已有提供蒲燒和鰻魚飯（圖22），「鰻魚店有鰻魚飯」的時代來臨。

前新聞記者荻原有佛子在《漫談明治初年》（昭和二年）裡，寫了一篇〈明治前後的美食家〉，關於「鰻魚店」她這麼寫：

万治の此仙
臺湜潟け
釜を湯は茶
此ぬと切りり
小石川より後
栗川よ一� 御蹟の
目由を考へ
神田川もあり
岸を発くうま
して巖のとく
峨眉山の月景
川水よ流て風
景凪搏へ

圖20 水道橋旁豎起「大蒲燒」招牌的森山蒲燒店，他們把放了鰻魚的竹籠吊在神田川中。《繪本續江戶土產》（明和5年）

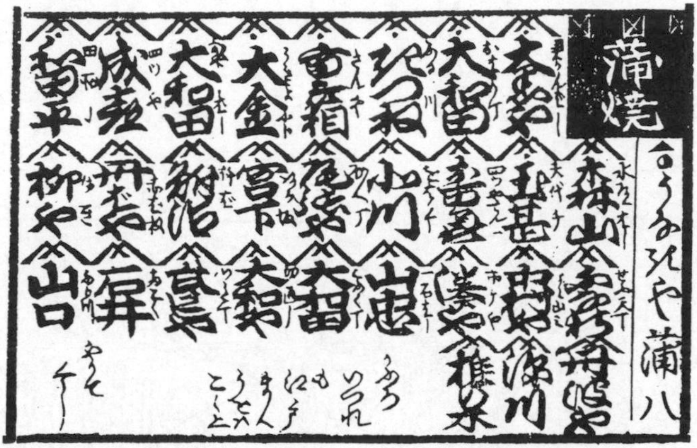

圖21 鰻魚店的排行榜。靈巖橋的大黑屋位居榜首，店名下寫著「這些店都乃江戶前，鮮魚極上等」。《細撰記》（嘉永6年）

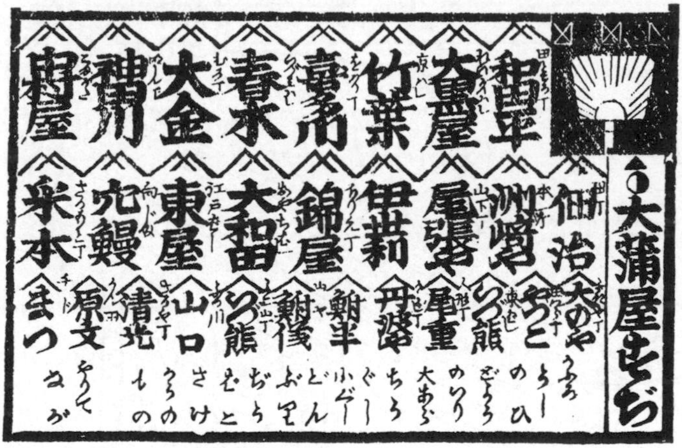

圖22 鰻魚店排行榜。店名下附記了「大串、中串、小串、丼飯、套盒」。《歲盛記》（明治元年）

「鰻魚店大都已先做好了丼飯，客人一進門就端上桌，那時節一份六錢二厘五毛，以前一份卻要三百文。這種便宜的鰻魚店到處都有。」

出現鰻魚丼一詞

到了明治時代，鰻魚飯也開始稱作鰻魚丼了。

田山花袋回想起「明治二十年左右」的情景：

「御成街道也是條小路，寬度只有三間左右（約五．五公尺）。繼而，比起今日，這條路有多熱鬧呢？人來人往、車水馬龍，還有小孩子、大人跑來跑去。另外，櫛比鱗次的店家，（略）年糕紅豆湯、壽司、大福餅、鰻魚丼等小吃與舊書店、舊貨店、舊衣店並排著開店營業。」（《東京的三十年》大正六年）

御成街道也叫御成道，是筋違御門（萬世橋附近的門）經上野廣小路，通往上野寬永寺的道路，因為這條路是將軍家前往寬永寺拜祭祖墳時走的路，因而得名。書中描述了這地區的熱鬧街景，在密集林立的商店中便有賣「鰻魚丼」的店。

金子春夢在《東京新繁昌記》（明治三十年）中寫道：「以籤串之盛於盤中，另附米飯者，一般稱為鰻魚飯，將飯盛於丼缽，其上加添鰻魚，稱為鰻魚丼。各從所好。」似乎想指出鰻魚丼與鰻魚飯的吃法不同，不過一般普遍都已將鰻魚丼當成鰻魚飯的別名。

鰻魚丼飯不久便簡稱為鰻丼，明治年間，某上班族之妻於明治三十一年六月三日，在記錄瑣碎日常的日記中記述：

「傍晚，山崎大姊（親戚）來訪，阿初（女傭）不太情願的端出一盒餅乾。黃昏時老爺回家，晚飯叫了兩碗鰻丼，一同享用。」

叫了外賣的鰻丼招待客人（《明治的東京生活》平成三年）。

鰻丼的稱呼自此約定俗成，在大正六年出版的《東京語辭典》有「鰻丼為鰻魚丼飯之簡稱。於飯上放置切好的鰻魚，用丼缽蒸熟之。」但是，鰻魚飯這個詞並未消失，在大正八年出版的《模範新語通語大辭典裡》，有「鰻丼：鰻魚丼飯之簡稱，即鰻魚飯」，在大正時代，鰻魚飯的稱法還是十分普遍。

燜蒸蒲燒的出現

江戶時代的蒲燒都是塗上醬汁後直接在火上燒烤，到了明治時代，開始在烤蒲燒的過程中，引進燜蒸的方法。《明治詞彙大全》（明治二十七年）裡記載了鰻魚飯的製作方法和蒲燒的烤法：「鰻魚飯：將鰻魚蒲燒，放入剛煮好的飯裡，魚與飯交疊數層慢火蒸之，蒸時不足則味不佳」「鰻：蒲燒乃將魚自背部剖開，竹籤串之，烤後燜蒸之，醬汁浸之。醬汁為味醂四分醬油六分調合悶煮之。」

這麼看來，鰻魚飯的蒲燒本身不蒸，放進白飯裡才蒸，而單純做成蒲燒的話，則是用白烤（譯註：不加醬汁，直接放在碳火上烤）後燜蒸之，再塗上醬汁的方法。受到鰻魚飯的影響，店家開始將蒲燒再多加燜蒸的工序，而蒲燒燜蒸過也有其優點。前面引用的《東京新繁昌記》（明治三十年）中提到：

「鰻魚料理：鰻魚料理亦為東京名產之一，習慣地方口味的人，也許認為東京的鰻魚太清淡，嘗不出原本的味道。不過清淡本來就是東京料理的精神，再者，鰻魚油脂多，因此在烤之前先燜蒸可脫去油脂，吃再多也不覺得膩。」

也就是說因為「清淡本是東京料理的精神」，藉由烤前蒸過脫去油脂，變得清爽，以符合東京料理的精神，客人也能吃得更多。只是這裡白烤再燜蒸，但不知道如何塗上醬汁。《月刊食道樂》（明治三十八年七月號）刊載的〈千住：松鰻主人〉的故事倒是記載得很清楚：

「鰻魚的料理法：其烹調方式依喜好有白烤等不一而足，一般稱做蒲燒，先將魚剖開，依大小插入適量的竹籤，白烤後燜蒸，再塗上醬汁（以味醂與醬油熬煮而成）再烤上三次左右。不過白烤與燜蒸的時間，乃依鰻魚品質鮮度有所不同，端賴大廚的功力而定，此處的技巧非語言所能形容。」

文中說明了現在燜蒸後塗上醬汁再烤的製作方法，這家千住的「松鰻」，在嘉永五年（一八五二）出版的〈江戶前大蒲燒〉排行榜上，是相當於總幹事的名店（圖23），連這種老店都強調燜蒸火候的難度。東京的蒲燒就在不斷測試調整中，提高蒸烤的火候。柴田流星（明治十二年～大正二年）的《殘存的江戶》（明治四十四年）裡有：

「鰻魚料理中又以蒲燒為最，重箱、神田川、竹葉、丹波屋、大和田、伊豆屋、奴等，各家老店都以江戶前自詡，將它作為招牌。不過現在真正好吃的店，應該以山谷的重箱為首選，不論是火候，燜蒸的程度，醬汁的鹹淡等，

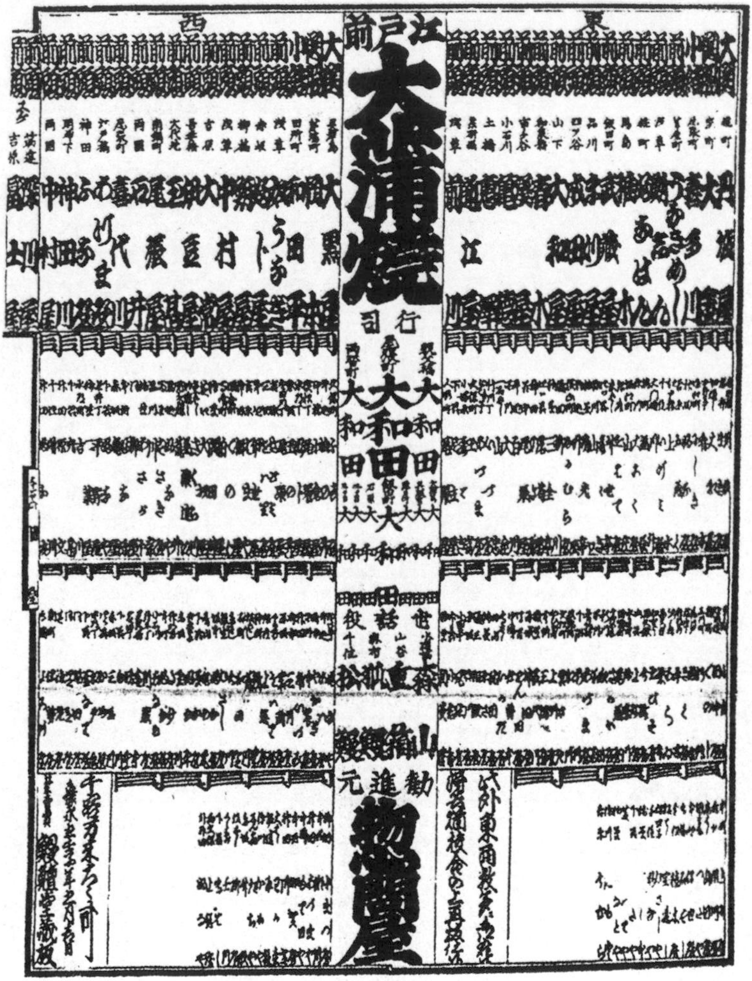

圖23 鰻魚店的排行榜。在世話役（總幹事）處看得到「千住、松鰻」幾個字。〈江戶前大蒲燒〉（嘉永5年）

在這裡吃過後，便再也不想去其他店了。」

文中出現了山谷的重箱這種「燜蒸程度」完美的店家。

燜蒸技術的確立

先蒸再烤的烤法漸漸成為東京口味的固定作法，在《模範新語通語大辭典》（大正八年）裡寫道：「鰻魚（略），東京與地方的烹調法各異。東京的作法是用蒸籠蒸過，而地方因不如此為之，肉質硬，不合首都人口味。」

木下謙次郎的《美味求真》（大正十四年）中相當具體的說明了蒲燒的烤法，記載了燜蒸的時間。

「若在百匁（三七五公克）以上，切三片或四片，五十匁以下，適當的將之切成兩片，自魚側邊插入竹籤，以大火先烤魚身，再翻過來，讓兩面大略烤熟，放進蒸籠裡蒸五、六分鐘，再開大火烘烤之，浸在另行準備的醬汁（醬油與味醂各半混合熬煮而成）中，再以火炙烤成蒲黃色，連魚帶籤的盛在盤中，撒些山椒粉後上桌。」

本山荻舟在《美味迴國》〈鰻〉（昭和六年）中也寫道：

「鰻魚以五十目乃至七十目的中串，其肉質最為美味。將鰻自背部剖開（大阪自腹部剖開），切成兩片，不沾醬汁，先將兩面白烤。（略）接著放進蒸籠燜蒸。這是為了去除帶有澀味的油脂，同時也讓肉質軟嫩。來回烤蒸三次，最後再沾塗醬汁，烤到上色為止。」

由此可知，將蒲燒燜蒸的技術在大正時代確立。

五　鰻丼的普及

出現不夾心的鰻丼

在蒲燒蒸過再烤的方法逐漸成為必要步驟中，出現了現在這種沒有蒲燒夾心的鰻丼。

幕末時期的鰻魚飯都還是在飯中夾入蒲燒，淺草長大的高村光雲（嘉永五年～昭和九年，一八五二～一九三四），談起江戶時代淺草的回憶時說：

「『奴鰻』我吃的時候，鰻丼四百（文）一份，（略）那丼飯吃一份，真的是齒頰留香。一大碗飯上添了一片鰻魚，吃了一會兒之後，下面又有另一片鰻魚，價格低廉，所以遠近馳名。」（《走過江戶》〈江戶之卷〉昭和四年）

鰻丼的蒲燒一片在飯上，一片夾在飯中，進入明治時代後，這種夾心作法依然持續了一段時間，《東京新繁昌記》（明治三十年）中有「飯盛於丼缽，其上添了鰻魚，是為鰻丼。」顯示蒲燒只有放在飯上。辭典中也記述了這個方法，《伊呂波順簡明辭典》（明治三十八年，〔譯註：伊呂波是舊時假名傳統的排列方式，最早源自伊呂波歌，伊呂波是假名的前三個音，現代已都改成五十音順〕）說明：「鰻魚飯：飯盛於丼中，其中添置蒲燒」。

波多野承五郎（安政五年～昭和四年）在《尋覓食味精髓》（昭和四年）中寫道：

「東京的鰻丼，飯上添置蒲燒，再淋上醬汁，而京都的鰻魚飯，只在飯與飯中間夾入白烤鰻魚，丼飯表面並沒有放置鰻魚。聽說關東人打開京都的鰻丼蓋，只看到滿滿的白飯，還以為店家忘了放蒲燒，怒聲喝斥。」

介紹了東西鰻丼文化差異所產生的糾紛。而在關西似乎有不把蒲燒放在飯上的鰻丼。

到了明治時代，蒲燒開始加入燜蒸，一旦放入蒸籠蒸，蒲燒夾在飯中等於蒸了兩次，所以，東京不再有夾心形式的鰻丼。而且，因為養殖鰻魚產量增加，丼飯上添加的鰻魚也不再是小鰻魚了。

鰻魚養殖的開始

鰻魚養殖始於明治時代中期，據說最初是在明治十二年（一八七九）服部倉次郎於東京深川的千田新田，利用二公頃的魚池飼養鰻魚，是為濫觴。不過，詳細的情形不明，明治十九年十月二十八日的《東京日日新聞》中有一篇新聞：

「滋賀縣內神崎郡蒲生郡的內湖，（略）昨十八年嘗試放流數萬尾鰻苗，當時僅有寸餘（三公分多）長，今年九月（歷時一年六個月）已長成一尺二三寸到四五寸（約三十九公分～四十五公分），為漁民捕獲，收益大增……」

新聞報導了滋賀縣鰻魚養殖成功，獲得收益的實況。之後，鰻魚養殖一年比一年興盛，大正七年七月二十五日的《新愛知新聞》上，以〈日本最大的鰻魚產地〉為標題（圖24），內容提到：

「總的來說，愛知縣的鰻魚產量極為豐富，年產量十二萬二千貫，產值相當於三十七萬七千日圓，可說是日本最大的鰻魚生產地。然而，這種成績並非自古皆然，明治三十年左右，鰻魚為縣水產試驗場的淡

●日本一の鰻の産地

愛知縣下の產額三十七萬圓

今年の土用丑は、本月廿九日一回より廻つて來ないから、市内の各鰻屋は其の日一日にウンと儲ける豫定で昨今

▲材料の仕入

に多忙を訴へてゐる。一體愛知縣は極めて鰻の豐富な所で年產額十二萬二千貫此の價額三十七萬七千圓に達し、優に日本一の鰻の生產地と言ひ得る程豐かである。併し昔から左樣に豐かな譯ではなく、明治三十年頃縣水產試驗場が淡水養殖の魚類の中、最も有望なものとして極力奬勵した結果

▲今日の盛況

を見るに至つたもので、十二萬二千貫の中五萬三千貫(十六萬七千圓)即ち總產額の半弱迄は養殖によつて獲得してゐるのである。現在縣下の養殖場は各郡を通じ約百ヶ所、總坪數九十四萬三千坪の多きに達して居り、渥美郡の十四萬坪を初め海部、幡豆、知多の順序で續る

▲良好の成績

を擧げてゐる。養殖は毎年三四月頃、海から諸川へ上つて來る『上り子』といふ鰻の子を漁つて養殖場に放つ。養殖鰻は蠶の蛹を主なる餌料に供してゐるから、脂肪過多の傾きがあり天然鰻に比して如何しても味が二番である。それで養殖鰻を買込んだ者は一週間乃至二週間位其の儘にして何等の餌を與へず、出來得る限り脂肪を拔いて

▲食用に供す

る事にしてゐる。天然鰻は淺海や各河口或は各池沼等にゐるのを、打網や四手網、石材等を主として漁獲するもので、愛知郡の六萬六千圓を第一に海部、知多、碧海といふ順序である。それで是等多數の鰻は岐阜、京都、大阪、奈良等に輸送され、名古屋を初め豐橋、岡崎等の各都人士が口にする鰻も

▲悉く縣下產

のものばかりだとの事である。それは兎に角 [illegible] 日本全國に行き渉り、然も餘程前から行はれてゐるやうであるが、其の理由に就ては今日迄判明されてゐない。或る者の傳說に依ると、例の蜀山人が江戸で有名な或る鰻屋が一寸した失敗で非常に衰微したのを哀れみ、山人一流の頓才で其の鰻屋の前に『明日は土用丑』といふ大きな看板を揭げ

▲土用丑には

鰻を喰ふ

圖24 報導鰻魚養殖盛況的報紙新聞。《新愛知新聞》（大正7年7月25日）

水養殖魚類中，最有前景的一種，在積極獎勵之下，才得見今日的盛況。十二萬二千貫中有五萬三千貫（十六萬七千日圓）是養殖的成果，約占總產量的一半弱。」

自明治三十年左右開始，縣水產試驗場獎勵縣民養殖鰻魚，因而愛知縣的養殖鰻占總產量將近一半，故而「可以算是日本最大的鰻魚生產地」。

養殖鰻魚的普及

此外，靜岡縣等地的鰻魚養殖也日益興盛，養殖魚大量進入市面，大正十四年出版的《食行腳》中有：

「在堂堂老店採用養殖鰻的今日，小满津（鰻魚店）斷然獨排眾議，連六拾錢的鰻丼，冬季採用洄游鰻，夏季採用江戶前產，兩季之間則用地方的四州產等，只使用價高的上等野生鰻或者是精選的大鰻。其謹守創業四拾餘年前的不朽方針，樹立了權威的地位。」

文中介紹了「小滿津」這家蒲燒店堅持用野生鰻的精神，不過，進入昭和年代，養殖鰻遠遠超過了野生鰻。本山荻舟述：

「野生鰻有年年減少的傾向，另一方面，靜岡、愛知方面大量供應低價且大小一致的養殖鰻，所以占有大部分市場，目前僅有前述的五、六家還在使用真正的野生鰻。」指出使用野生鰻的店家寥寥可數（《美味迴國》昭和六年）。

由於養殖鰻的普及，民眾以平實的價格就能吃到鰻丼，餐飲指南《大東京美食走食記》（昭和八年）寫道：

「（蒲燒鰻）在早年著名的蒲燒店，以前是最高級的餐點之一，但可能由於養殖鰻的普及，今日已經大眾化，與天井幾無二致了，即使在高級商店的食堂，用不到一塊錢就能吃到鰻魚飯。」

養殖鰻的普及，使得鰻魚蒲燒與天丼一樣，成為大眾化的食物，即使是高門檻的一流商店，在店裡所設的食堂裡，也能用便宜的價格吃到鰻魚飯。

鰻魚養殖的普及也為市場帶來大小均一的鰻魚，「鰻魚飯用小鰻」已是過去式，鰻丼放的鰻魚都有一定大小。同時，想要吃白飯表面的大片蒲燒，一定要蒸得軟嫩，才能一夾即起，入口即化。所以蒲燒放在飯上與蒸蒲燒相得益彰，成為固定的模式。

食堂的菜單上也有鰻丼

養殖鰻的普及帶來了鰻丼的大眾化，在百貨公司餐廳的菜單上，赫然可見鰻丼的名字。在《不會上當的東京指南》（大正十一年，一九二二）這本東京導覽書中記載，「三越食堂」的菜單裡有「鰻魚飯，一錢」，白木屋設有「鰻魚飯．蕎麥麵食堂」。除了百貨公司之外，其他的食堂也在菜單裡加入了鰻丼。前面提到的《大東京美食走食記》（昭和八年），銀座的「小松食堂」有「鰻丼附魚雜湯」，連澀谷道玄坂的「榮屋食堂」也推出鰻丼「附魚雜湯」。到了這個時期，食堂裡的鰻丼都附送魚雜湯，其實，最早在鰻魚店裡賣魚雜湯的是大阪，不過東京在明治末期也開始附送，到了昭和時期鰻丼附魚雜湯似乎已見普及。

到了這個時代，鰻丼已不只是鰻魚店吃得到，吃得到鰻丼的店變多了，但是沒多久，鰻丼陷入困境的時代來臨，昭和十二年七月七日蘆溝橋事變的爆發，成為中日戰爭的開端。戰爭延長為持久戰，日本進入糧食不足的時代。東京府於昭和十五年（一九四〇）八月一日起，禁止食堂、餐館等用米。食堂無法再提供米飯餐點，而是以代用食（編按：米、麥以外充作主食的食品）充數。

《文藝春秋》昭和十五年九月號，高田保以〈鰻丼「冬」〉為題，如此寫道，走進百貨公司的食堂點一份「鰻丼」，結果送來的卻是加了蒲燒鰻的烏龍

（冬）麵。向店員抱怨也得不到回應，「我默默地點點頭，心想鰻魚烏龍（冬）麵簡稱鰻冬的話，也未必算是故意騙人的東西。就這麼將就的吃了。」只好放棄真正的鰻丼。

鰻丼經歷過這段苦難的時代，但是傳統的味道和技術並未失傳，因而能建立起今日的鰻丼文化。

鰻重之名的出現

今日蒲燒店的菜單會把重心放在鰻重而不是鰻丼，甚至有的店菜單上並沒有鰻丼。

慶應元年（一八六五）版的《歲盛記》〈蒲崎屋彌吉〉在店名下寫「丼飯」「重箱」（圖25）。不久進入明治時代後可知，鰻魚飯會放進套盒裡端出，但到了明治時代，《風俗畫報》一五〇號（明治三十年十月）裡描繪了「鰻魚店」把套盒送上二樓的情景（圖26）。

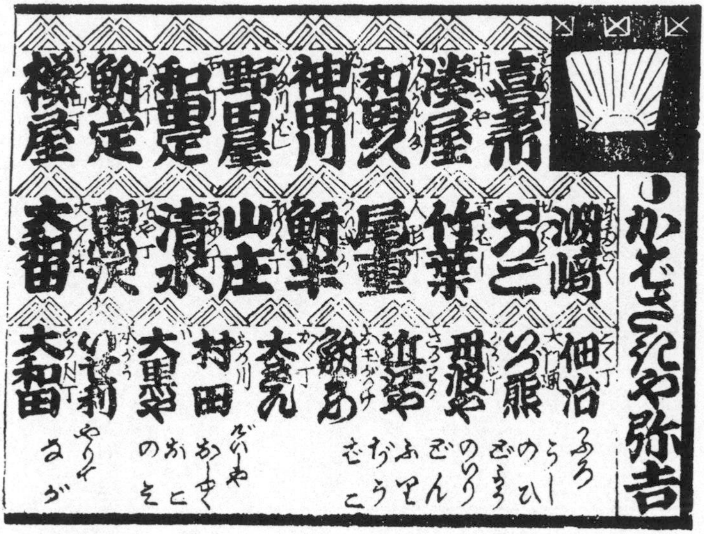

圖25 鰻魚店的一覽表。店名下有「丼飯、套盒」的字樣。《歲盛記》（慶應元年）

最早將鰻魚飯放進套盒裡供應的可能是山谷的鮒儀，在《太平洋》雜誌（明治三十九年八月一日號）中，有

「將鰻魚飯裝進重函（箱）乃創始於山谷的鮒儀，俗稱重函。重函的鰻魚飯整齊美觀，所以目前一般店都採用重函了。」

圖26　「鰻屋」二樓，將蒲燒放在套盒裡傳送。《風俗畫報》150號（明治30年10月）

山谷的鮒儀是嘉永五年版〈江戶前大蒲燒〉「幹事」處記載了「山谷，重箱」（圖23，八〇頁），嘉永六年版的《細撰記》〈鰻魚店蒲八〉記載「山谷，重箱」（圖21，七四頁）的名店，由於該店將蒲燒放在套盒裡端出，所以只要說「山谷，重箱」，大家都知道。這家店第四代店主也主張「因為把蒲燒放進套盒裡端出，所以人家才叫我們山谷的重箱。」（《趣味研究》大江戶》大正二年）。從山谷的鮒儀開始將鰻魚飯放在套盒，由於整齊美觀，所以一般店也爭相使用套盒。另外，這家店後來遷到赤坂，現在也還在營業。

明治末期時，鰻魚飯以套盒盛裝已經相當普及，不過「鰻重」這種稱呼還沒有出現。即使盛在套盒中，還是使用「鰻魚飯」、「鰻丼」、「丼飯」等稱呼。

直到關東大地震後不久，速寫東京街頭的《帝都復興一覽》（大正十三年）一書中，畫出豎起直立招牌和旗幟營業的「山谷重箱」，看得到上面寫「鰻重四十錢」（大正十二年十二月二十日的速寫，圖27），成為可以確知鰻重之名的最早例子。

作家中里恆子（明治四十二年～昭和六十二年）在《價格的〔明治・大

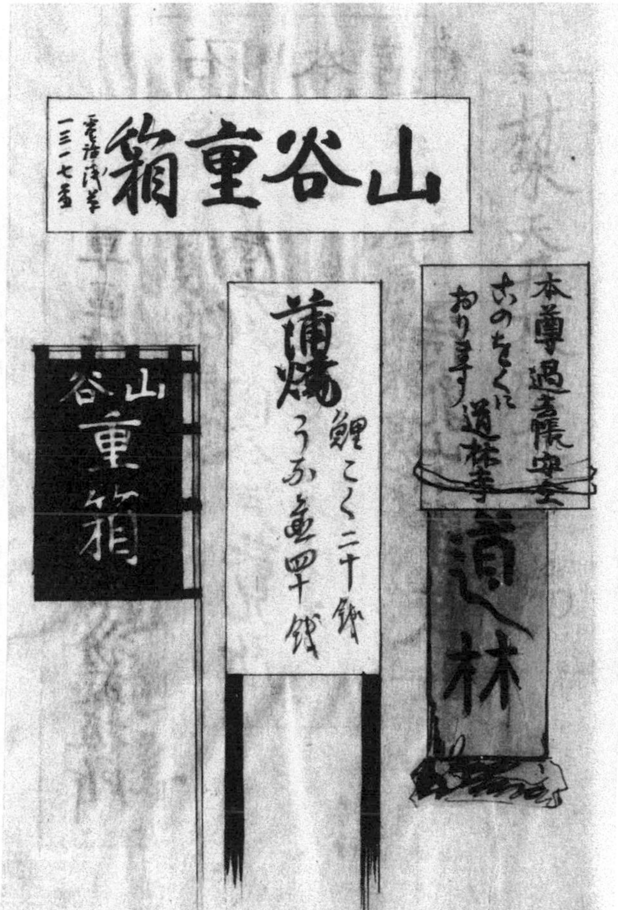

圖27 鰻重的招牌。裡面有「蒲燒：鯉濃二十錢，鰻重四十錢」。
《帝都復興一覽》（大正13年）

正・昭和〉風俗史》（昭和五十六年）中憶述起對「鰻重」的回想，「當時橫濱的長者町，有一家鰻魚專賣店叫下忠」家裡會打電話向該店訂購，一家享用蒲燒，「父親吃蒲燒排，母親與我們小孩子就吃鰻重，有時候也會與奶奶一起吃鰻丼。」這是大正十四年（一九二五）發生的事，鰻重的排名已在鰻丼之上了。

到了大正時代尾聲，鰻重的稱呼已經相當普遍。

生於昭和二年的作家吉村昭回憶起少年時光，懷念道：「町裡有一家美味的鰻魚店叫千葉屋，只要家裡來了客人，按照慣例都會向他們叫鰻重來吃。」（《東京的下町》平成元年）。

到了戰後，鰻重更加普及，不過也有像歌舞伎演員第一代中村吉右衛門（明治十九年～昭和二十九年）那樣，偏愛鰻丼的人：

「真讓我選的話，我比較喜歡所謂的鰻丼，也就是不只有蒲燒，而是把它放在飯上的口味。不過，我不喜歡整整齊齊盛在漆器套盒裡的那種，它沾了漆的味道，難得的美味都糟蹋了。也許不夠體面，但是相比起來，丼飯好吃多了，所以，不管何時我一定會特別請店家把鰻魚飯放在丼碗裡。」（《鰻》昭和二十九年）。

植原路郎（明治二十七年～昭和五十八年）在《鰻・牛物語》（昭和三十五年）中寫道：

「關東所謂的『鰻重』，是把飯放進套盒代替丼碗，其上放置蒲燒。（略）許多歷史悠久的大店提供『鰻重』與『蒲燒』（分為附飯與不附飯兩種），省去了『鰻丼』。」

可知約在六十年前演變為鰻重的時代。

江戶時代的人成功的把滑溜不好就手的鰻魚抓住剖開，做出美味的蒲燒鰻，人們將蒲燒當成下酒菜，但是鰻魚店認為這麼做侷限了客層，因此想到了附帶白飯的點子，進而又琢磨出將蒲燒與白飯一起盛進丼碗裡的鰻魚飯。鰻魚飯具有蒲燒缺乏的魅力，成為熱門美食，鰻魚飯由於盛在丼碗裡，因而被稱為鰻魚丼（後來衍生出「鰻魚茶」，在《娘消息》初篇（天保五年，一八三四）中描寫了將外送的蒲燒做成鰻魚茶來吃的光景）。繼而，鰻魚飯也盛進套盒中，有了鰻重的稱呼，而從中亦可看見鰻重外觀比鰻魚丼體面，因而凌駕了鰻魚丼的情節。一碗鰻魚丼，竟然藏著這麼多故事。

第二章 天井的誕生

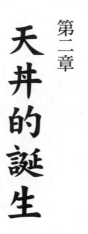

從小攤賣起的天婦羅

出現天婦羅的攤子

天丼誕生之前，江戶人都是站在攤子旁吃天婦羅。

天婦羅是從小攤開始賣起的，炸天婦羅會冒油煙，所以需要換氣，也有火災的危險。攤販是適合賣天婦羅的營業形態，另一個優點是客人很容易吃到眼前剛炸好的天婦羅。不論怎麼說，天婦羅都是剛起鍋的最好吃。

天婦羅的攤子出現在安永年間（一七七二～八一），由於用胡麻油作為炸油，所以一開始用「胡麻揚」（譯註：揚在日文中是油炸之意）的名字販賣，但是不久後就看得到掛出「天婦羅」文字的攤販，《能時花舛》（天明三年，一七八三）描繪了當時景象（圖28）。

如《守貞謾稿》（嘉永六年，一八五三）中所述：

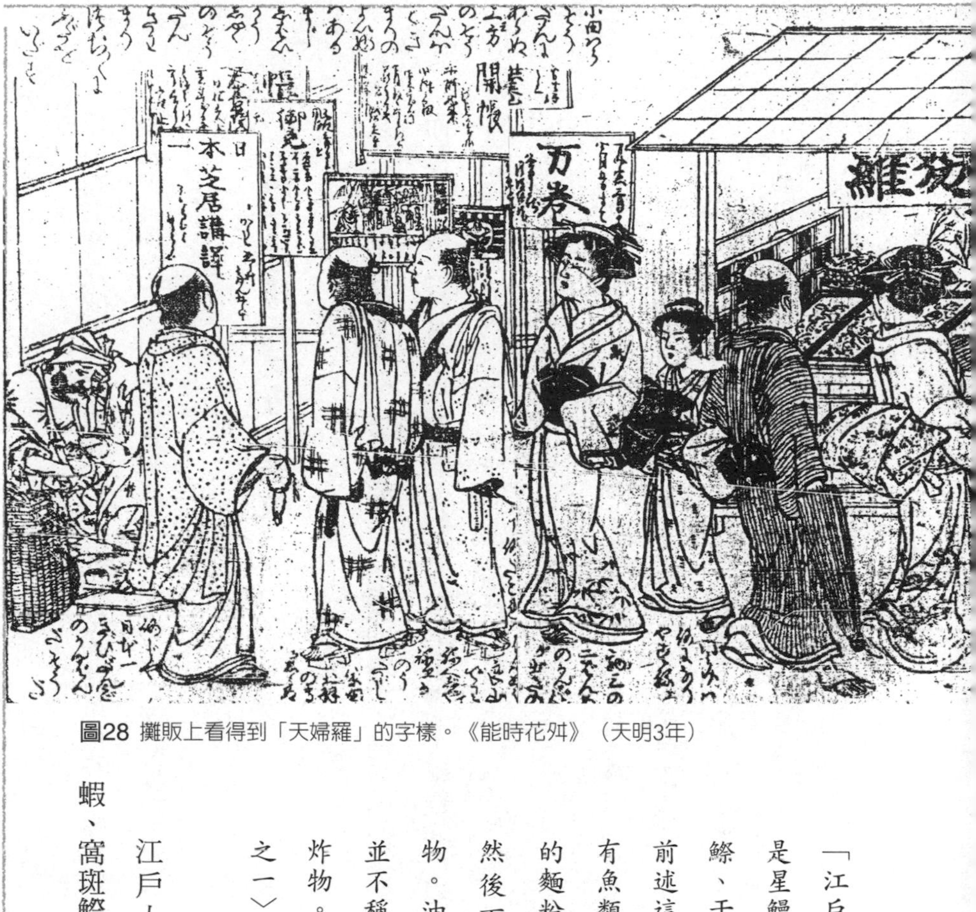

圖28 攤販上看得到「天婦羅」的字樣。《能時花舛》（天明3年）

「江戶的天婦羅指的是星鰻、芝蝦、窩斑鰶、干貝、北魷魚。前述這些食材，及所有魚類都以泡水調稀的麵粉糊裹成麵衣，然後下鍋油炸的食物。油炸蔬菜在江戶並不稱天婦羅，而是炸物。」（〈後集卷之一〉）

江戶人將星鰻、芝蝦、窩斑鰶、北魷魚等江

戶前的海鮮炸成天婦羅販賣（江戶並不把炸蔬菜稱為天婦羅），一串大約四文（五十日圓左右）就能吃到，江戶人一向站在路邊吃這種便宜的海鮮炸串。

出現高級天婦羅的攤販

日本橋南端有個叫吉兵衛的人，他擺的攤子不同於前面那些便宜的天婦羅，而是將高級食材當成天婦羅的餡料，一改過去攤販天婦羅的形象，因而引起江戶人的注意。考證散文家喜多村信節（筠庭）道：

「文化初年，深川六軒堀開松壽司，大行其道，令世間壽司大為改觀。其不久前，日本橋南端有人名吉兵衛擺攤叫賣，以鮮魚油炸販賣，亦大受歡迎。甚而有好事者至其居之木原店家中討食。其又一改各地天婦羅之口味，但食物漸奢也。」

敘述吉兵衛的天婦羅如何成為轉捩點，改變了小攤天婦羅的樣貌（《嬉遊笑覽》文政十三年）。

吉兵衛擺攤文化年間（一八〇四～一八）前不久，所以應該是享和年間（一八〇一～〇四），當時剛結束松平定信（譯註：德川八代將軍德川吉宗之孫，陸奧國白河藩第三代藩主，亦擔任幕府官職老中）實施寬政改革（天明七年～寬政五年，一七八七～九三）的緊縮政策，進入十九世紀後，食物變得奢侈，出現了高級天婦羅的店家。《浮世風呂》、《浮世床》等熱賣作品問世，成為暢銷作家的式亭三馬，在作品中讓長屋的老闆娘道出了對吉兵衛的評價。

「日本橋吉兵衛的天婦羅乃是日本第一啊！咦，你沒聽過這家店嗎？它可是江戶小吃攤之首呢！前些天晚上，我與勝兵衛、阿波專（兩者都是人名）、我們頭家（丈夫）四人一同到他攤子吃東西，賣初鰹天婦羅的店家只有他一家，真是不能小看哪！不論何時那兒都圍滿了人，而且妙的是一旁正好有家蕎麥麵攤，雞蛋和炸物放進熱熱的蕎麥麵裡，就著熱湯吃，可以說千金不

換。芹菜鴨好，白魚也不錯，不過我還是愛吃雞蛋。」（《四十八癖》三篇，文化十四年）

過去，只要一個四文錢就買得到的天婦羅，堪稱銅板食物，但是吉兵衛用了初鰹、雞蛋、鴨肉、白魚等高級食材油炸天婦羅，江戶人看準了這一點蜂擁而至。初鰹，不用我說當然是超高級鮮魚，剛出來時一條甚至賣到三兩，但是吉兵衛將它炸成天婦羅，有川柳詩云：「吉兵衛，將松裹上衣」（柳一二一，天保四年）。「松」就是又稱為松魚的鰹魚，現在雞蛋算不上高級食材，但是在江戶時代的雞蛋價格昂貴，當時一個蛋十五文，相當於一份二八蕎麥麵的價格（十六文）。

天婦羅蕎麥麵的誕生

如同長屋主婦說的「妙的是一旁正好有家蕎麥麵攤」，吉兵衛的天婦羅旁擺了蕎麥麵的攤子。江戶人會在蕎麥麵店買碗麵，然後添上自己愛吃的天婦羅，吃起自助式的天婦羅蕎麥麵。

當時天婦羅蕎麵還沒有出現，《柳樽二篇》（天保十四年）中描述了這樣的情景。這裡是個廣場，天婦羅攤子旁擺著蕎麥麵攤，成了江戶版的美食街（圖29），畫中還提了一首詩「天婦羅之友，蕎麥趁夜來」。

圖29 天婦羅與蕎麥麵的攤子。天婦羅攤子上方寫著「天婦羅之友，蕎麥趁夜來」。

把剛炸好的天婦羅扔進蕎麥麵裡，天婦羅吸飽了蕎麥的湯汁，蕎麥麵增添了天婦羅的鮮味。蕎麥麵與天婦羅合體，吃起來更甜更美味的方式，是江戶人發想出來的創意，而蕎麥麵店當然不可能沒注意到這一點，蕎麥麵店的菜單上出現了天婦羅蕎麥麵。

記錄從寬政到天保（一七八九～一八四四）世情遞嬗的《寬至天見聞隨筆》（天保十三年）中提到：

「蕎麥店之盤裝換成丼鉢，若以筷子之粗細比喻蕎麥店之變化，不知不覺也換成了細杉筷，天婦羅麵升格為干貝海苔麵，諸店近來的潮流，皆於萬物之奢華處花心思，不論品之強弱，只顧賞心悅目，盡是消耗也。」

作者感嘆世間越是奢侈，蕎麥店也變了樣，但從中可知蕎麥店已經在賣天婦羅蕎麥麵了。

不過，這裡面寫的「近來的」不知指的是何時，不過文政十年（一八二七）

中，有川柳詩云：「澤藏主最愛，天婦羅蕎麥」（柳一〇四）

小石川的無量山傳通院裡，供奉了澤藏主稻荷（現在遷到東鄰的文京區小石川三丁目），《江戶名所圖會》（天保五～七年）中記載「多久藏主稻荷社，位於院內後門處，古時，祂化身狐、僧，自稱多久藏主，夜夜來至學寮與僧論法，後將祂迎至稻荷，奉為該寺護法神。」據傳這位澤藏主（多久藏主）愛吃蕎麥麵，每天晚上都到寺門前的麵店買麵。而且狐狸最愛吃油豆腐，如果澤藏主化身狐狸的話，祂最愛吃的肯定是加了炸物的天婦羅蕎麥。

這段時期，蕎麥麵店似乎已在販賣天婦羅蕎麥，尾張藩士小寺玉晁駐在江戶的天保十二年（一八四一）記錄了蕎麥店的菜單，即可看見「天婦羅蕎麥麵參拾貳文」（《江戶見草》）。

如同大久保今助吃蒲燒的方法，促成了鰻魚飯的誕生，吉兵衛的高級天婦羅促成了天婦羅蕎麥麵的出現，並且成為蕎麥麵的主力菜色，不過，還得再過一段時間才能在蕎麥店看見天丼。

二　天婦羅茶泡飯店的出現

茶泡飯店將天婦羅列為菜單

繼蕎麥店之後，茶泡飯店也將天婦羅列入菜單中。

天婦羅攤出現的安永年間，也有了茶泡飯店，在《親子草》（寬政九年，一七九七）中寫道：

「茶泡飯店最初是安永元（年）時，於淺草並木町內左側，擺出寫有海道茶漬的燈籠。其他地方少有得見，近年各地多有類似店家。」

安永元年（一七七二）出現「海道茶漬」的茶泡飯店後，如同雨後春筍，茶泡飯開始流行。

《振鷺亭噺日記》〈茶泡飯〉（寬政三年，一七九一）中寫道：「茶泡飯之風行從未如今年之盛，有卯之花、山吹，招牌不勝枚舉。」由此得知出現了各式各樣店名的茶泡飯店。這種情景在今日東京已不容易見到，不過江戶時代的街頭茶泡飯店林立，江戶人吃一頓十二文的茶泡飯滿足肚腹（圖30）。

圖30 目黑的茶泡飯屋。招牌上有「御茶漬，一膳十二字（文）」。《繪本江戶名所》（文化10年）

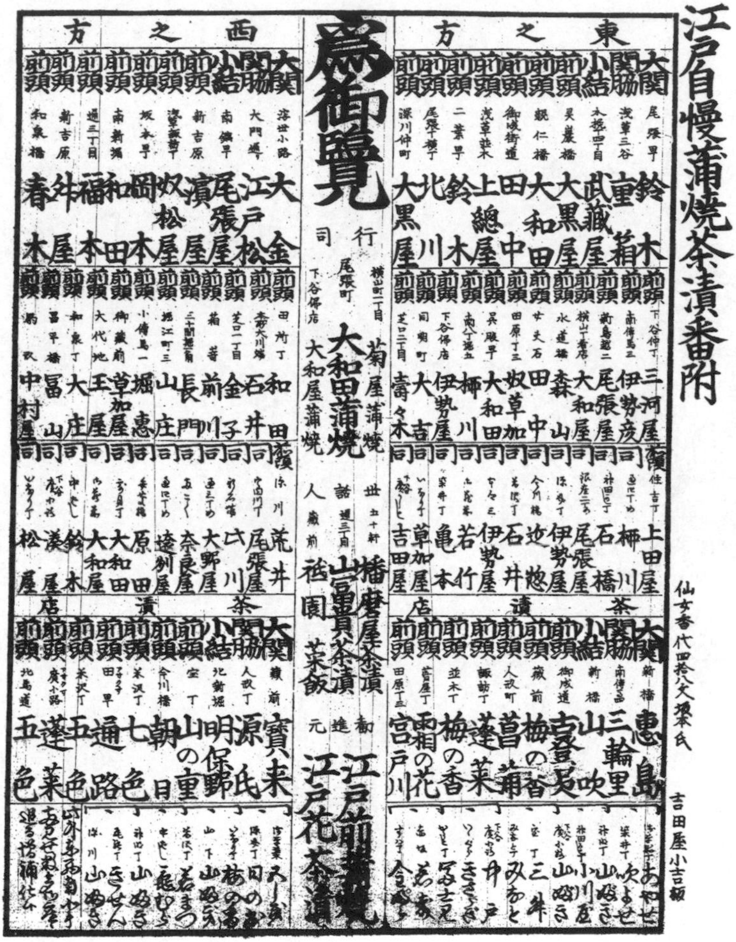

圖31 茶泡飯店的一覽表。表下方有41家茶泡飯店的排行。〈江戸自慢蒲燒茶漬番附〉（江戸後期）

圖32 茶泡飯店裡，客人面前放了茶泡飯組，左側有保溫的土瓶，準備端出給客人。《金草鞋》十五篇（文政5年）

江戶後期甚至出版了〈江戶自慢蒲燒茶漬番附〉的排行榜，這裡排出了四十一家茶泡飯店，可見買賣何等昌隆活絡（圖31）。

十返舍一九的《金草鞋》十五篇（文政五年，一八二二）描寫了到茶泡飯店吃茶泡飯的景象，茶泡飯店中只有醬菜、奈良漬、梅乾、煮梅、座禪豆（煮豆）、紅燒燉煮等簡單的茶泡飯配菜（圖32）。

這些茶泡飯店到了嘉永

年間（一八四八～五四）時，首先是將天婦羅列入菜單，接著便誕生了天婦羅茶泡飯店。對於飲食清淡，不太使用獸肉或油脂的江戶時代人而言，油滋滋的天婦羅是種怪異的食物，因此，店家會提供蘿蔔泥，讓客人清爽的享用天婦羅。茶泡飯店則用茶代替小攤的蘿蔔泥功能，這個點子大獲好評，所以天婦羅茶泡飯店便越來越興隆。

天婦羅茶泡飯店的興盛

嘉永二年，生於江戶堀江町四丁目（中央區日本橋小網町）的江戶人鹿島萬兵衛撰寫了幕末到明治初期江戶人的生活，他回顧道：

「天婦羅不只經常出現在高級料理，也多是即席料理上常見的菜色，不過並沒有所謂的天婦羅專賣店。許多是擺攤現做的天婦羅茶泡飯店，一般附白飯一人二十四文到三十二文，最多不超過四十八文，到了維新之後才有百文

價。」（《江戶的晚霞》大正十一年）

嘉永五年，比鹿島萬兵衛小三歲的雕刻家高村光雲在江戶下谷出生，他也在〈御維新前後〉的撰述中提到「茶泡飯」非常風行，有信樂茶泡飯、配上美味奈良漬的「奈良茶泡飯」、「曙茶泡飯」、「宇治之里」、搭配五樣珍品的「五色茶泡飯」，收集各式奇特醬菜的「七色茶泡飯」、「蓬萊茶泡飯」、「天婦羅茶泡飯」等等。

然後又說：

「此時，只做天婦羅給客人吃的天婦羅店，大多都是攤子，有店面的一定都做茶泡飯。日本橋通三丁目有家『紀伊國屋』的天婦羅茶泡飯，極受好評，但一人份要七十二文。一般街頭的小店三十二文，如有百文，即一錢的話，可以從早吃到晚。」傳達出天婦羅是在茶泡飯店與茶泡飯一起吃的實景。

（《味覺極樂》昭和二年）

即使天婦羅店出現後，天婦羅店也賣茶泡飯，著有《天婦羅通》（昭和五年）的天婦羅店老闆野村雄次郎說：「在我孩提時代，天婦羅店經常在燈籠招牌寫著『茶泡飯』，像天婦羅與茶泡飯這麼合搭的食物，並不多見。吃完油膩來點清爽，是極自然的要求。」生動地表現出天婦羅與茶泡飯的絕佳搭檔。

天茶早於天丼

一如《天婦羅通》（昭和五年）的記載，在天婦羅店吃過油滋滋的天婦羅之後，吃一碗清爽的茶泡飯，去除嘴裡的油膩感，不過，也有人在天婦羅茶泡飯店吃天茶。

茶泡飯店會提供盛在碗裡的白飯，和裝了熱茶的土瓶，客人可以把天婦羅放在飯上，然後將土瓶裡的茶淋在飯上，這就叫做天茶。

三田村鳶魚生於明治三年（一八七〇），他記述：「有人帶我去吃過天婦羅茶泡飯，我記得上了樓，被領到最前面的房間，但是主角天婦羅茶泡飯是什麼樣子，我卻完全不記得了。」所以，他遇到比自己年長的畫家武內桂舟（文久元年（一八六一）生）時，向他請教天婦羅茶泡飯到底是什麼樣子。武內答道：「飯上撒了點烤鹽，注入熱開水做成茶泡飯。」（《江戶的食生活》〈天婦羅與鰻魚的故事〉昭和十四年）雖然他提到「注入熱開水」不過，既然是「茶泡飯」，「熱水」應該指的是茶吧！

木下謙二郎也證實：「有人把天婦羅放在剛煮好的白飯上，加點食鹽，注入熱焙茶，做成茶泡飯後品嘗。」（《續續美味求真》昭和十五年）天茶似乎適合用鹽調味。

後面還會提到，天丼是在明治時代才出現，所以人們吃到天茶比天丼更早。

天婦羅專賣店出現

即使江戶改制為東京之後，天婦羅茶泡飯店依然興盛，明治九年五月六日的《東京曙新聞》報導：

「不久前神保町開了天婦羅茶泡飯（也可在外調理）店白梅，因為價廉物美，所以生意日益昌隆，這家店是由兩位過去奉祿十萬石餘的貴族經營，投入三千多日圓，前景相當看好。」

文中說的是兩名前諸侯投資高額金錢開了天婦羅茶泡飯店，不過價格便宜又美味，所以生意興隆。

蕎麥麵店賣起了天婦羅蕎麥麵，天婦羅茶泡飯店昌盛，所以在店裡吃天婦羅的機會大增，可以看得到一向只有攤販專賣天婦羅的時代有了變化。到了明治時代，天婦羅專賣店出現了。齋藤月岑的《武江年表》後篇〈附錄〉（明治十一年）記載了明治初年流行的事物，其中有「天婦羅店，近年經營這種店的商家漸漸增加。」

天婦羅店的數量增加，明治十八年版《東京流行細見記》〈本胡麻屋揚〉中可見「木原店中宗」等三十五家天婦羅店的名字（圖33）。店名的右側有商家的所在地，一看即知，天婦羅店已經出現在東京各地。

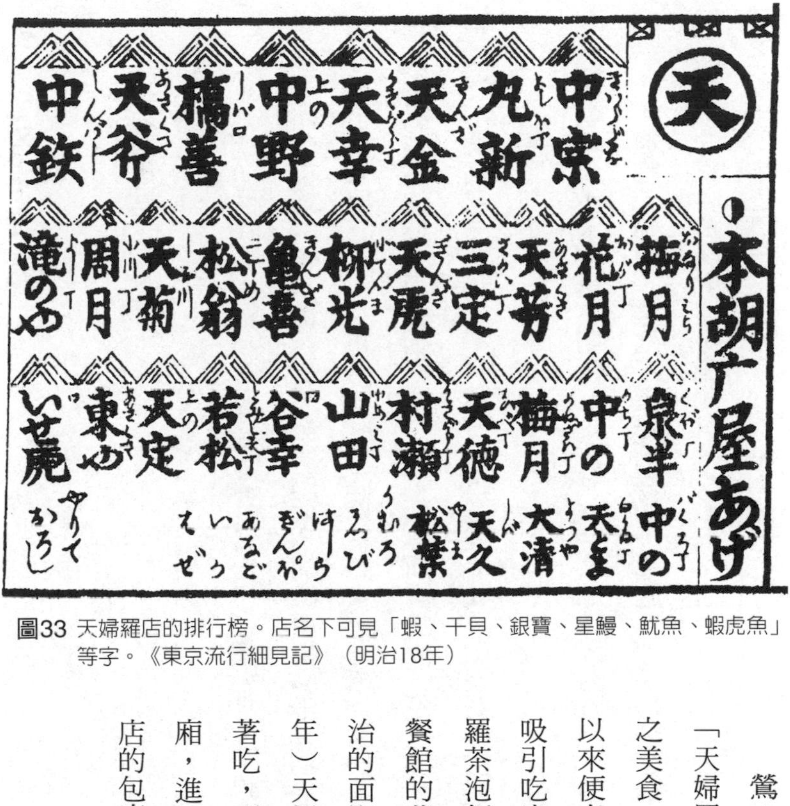

圖33 天婦羅店的排行榜。店名下可見「蝦、干貝、銀寶、星鰻、魷魚、蝦虎魚」等字。《東京流行細見記》（明治18年）

鶯亭金升曾說：

「天婦羅為江戶人品嘗之美食，（略）自天明以來便在江戶的攤子上吸引吃客上門，從天婦羅茶泡飯店晉升為高級餐館的菜肴。」（《明治的面影》昭和二十八年）天婦羅從小攤旁站著吃，到茶泡飯店的包廂，進而升級到天婦羅店的包廂裡了。

三　天丼的誕生

天丼開賣

走入明治時代，出現了天婦羅專賣店之後，其中有商家開發出「天丼」這種新菜單。前述《東京流行細見記》的〈本胡麻屋揚〉中有「鍛冶町，中野」的店（自上數來第三排，右起第二家）便是該商家。《東京名物志》（明治三十四年）中記載「仲野：天丼始祖，廿五、六年前店主以一份七錢開賣」，《月刊食道樂》（明治三十八年十一月號）中也記載「天丼始祖乃神田鍛冶町的仲野。明治七、八年時創始。」

也就是說，天丼是在明治七、八年（一八七四、七五）左右開賣的。

在小攤吃天婦羅，是沾了天婦羅醬油一起吃，把天婦羅醬油和天婦羅盛在熱飯上組成一碗丼的天丼，一推出就大受歡迎，金子春夢在《東京新繁昌記》（明治三〇年）中道盡了生意昌隆的情景：

「仲野：神田區鍛冶町，位於今川橋北二丁附近，此店老闆距今二十餘年前，用天婦羅發明了丼飯，成為天丼始祖，一份基本賣七錢。此店用的魚材新鮮且價格低廉，因而愛好的客人頗多，每晚過了十二點多才能打烊，成為其特色。」

如同文中說「此店用的魚材新鮮且價格低廉」，「仲野」繼承了江戶前天婦羅的傳統，只用油炸海鮮的天婦羅做成天丼，一份賣七錢。當時鰻魚丼的價格一份二十錢（《價格的〔明治・大正・昭和〕風俗史》昭和五十六年），用鰻魚丼三分之一的價錢就能吃到天丼。

天丼的用料如《東京流行細見記》（圖33）所見，有「蝦、鮮干貝、銀寶（錦鯯魚）、星鰻、魷魚（北魷）、蝦虎魚」等江戶前的鮮魚。此外，在《守貞謾稿》〈卷之五〉中記述天婦羅蕎麥麵的天婦羅中「加油炸芝蝦三、四隻」，想必是也提供附加撮炸三、四隻芝蝦（筏型炸）的天丼。直到現在，淺草還有以筏型炸芝蝦為招牌的天丼店。

天丼發祥地神田鍛冶町一帶發展成商人、工匠眾多的市鎮，仲野最初開賣天丼時，晚間攤販大量出籠，明治八年六月七日的《東京日日新聞》報導：

「近日入夏，夜攤日益興盛的氛圍著實令人驚訝。一晚某人前去查看，今川橋警視分廳前經鍛冶町通至眼鏡橋，擺攤者約有四百五十人。其中經營小吃者七十八人，光是鍛冶町一町內就有二十七人。」

從文中可知，今川橋通往眼鏡橋（萬世橋）的大街（現在的中央通）一到夏季，夜晚就有四百五十家夜攤擺出來，熱鬧非凡，光是鍛冶町，小吃攤就有二十七家。天丼就是在這種環境下開賣，博得好評，顧客蜂擁而至直到深夜。

對結束一天工作的店員與工匠們而言，便宜、好吃、份量大的天丼無疑是最適於滿足空腹的佳肴。

天丼的增加

賣天丼的店家越來越多，《東京風俗志》（明治三十四年）中即寫道：

「天婦羅又成了都人偏愛嗜吃的食物，賣此物之店家甚多，大多為低廉小吃。一般料理成天婦羅飯、天井，天婦羅飯只是單純以天婦羅為副菜的飯，而天井則是將天婦羅煮過，與飯交相置於井碗中，其差別正好與蒲燒飯與鰻魚井相似。天婦羅中不帶魚肉，專以青菜炸之，稱之為精進揚。」

文中可知天婦羅店裡一般可吃到的有天婦羅飯（天婦羅定食）和天丼，天丼成了必備菜單。天婦羅店出現後，白飯超越了茶泡飯成為天婦羅搭檔的主流，並且額外解釋了天婦羅與精進揚的不同。

小攤也開始賣起了天丼，《太平洋》雜誌（明治三十六年十二月十日號）中，刊載了開設「天婦羅店」攤時所需要的資訊，內容分成「工具」、「原

圖34 天婦羅的攤子。紙門上有外加圓圈的天字。〈兩國川河開圖〉《臨時增刊風俗畫報159號》（明治31年2月25日）。

料」、「進貨的品項」、「價格」、「業績」、「顧客的種類」。其中關於「原料」（餡料）方面有「銀寶、星鰻、複魚、魷魚、章魚、鮮干貝等，所以都得去河岸採購，不過，畢竟有時候漁獲少，所以，以上的品項並非悉數都能備齊。」關於「價格」（賣價）方面，「大概一份一錢到一錢五厘，漁獲最少時因為原料貴，有時會事先預告漲價。天丼行情為上等一份十二錢，中等十錢，下等八錢。」（圖34）

小攤也販賣採用江戶前海鮮類的天丼。

天丼的吃法

如同《東京風俗志》所寫「天丼則是將天婦羅煮過，與飯交相置於丼碗中」，是煮了天婦羅，盛在米飯上。查閱手邊大正時代的料理書，裡面寫著：「（在鍋裡）加入前述份量的高湯、味醂、醬油，置於火上，煮沸兩三次之後，加入前述的天婦羅，稍煮一會兒，將剛煮好的飯盛在丼缽或飯碗中，再將天婦羅完整的舀起來盛在飯上，注入適量煮汁，加蓋後端出。」（《飯百珍料理》〈天丼的調理法〉大正二年）、「高湯、味醂、醬油、砂糖等一起煮開，撈去表面的浮沫，將右述的油炸物盛在杓子上，連同杓子放入煮汁中立刻取出。飯則如一般煮好後盛於丼碗裡，將右述的食材盛於飯上，澆少量湯汁，蓋上碗蓋，放置一會兒後食之。」（《家庭日本料理》〈天丼〉大正十一年）、「將前面的湯煮沸，天婦羅稍微浸一下，立刻撈起，置於丼碗的飯上，淋上少許剩餘的湯汁。」（《日本西洋支那家庭料理大全》〈天丼〉大正十三年）

將天婦羅「稍微」煮過（浸泡），再盛在飯上。另外，當時也放了天婦羅的天丼上，澆上天婦羅醬汁後食用，與現在普遍可見的作法相同。「所謂的天丼，乃是天婦羅丼飯的簡稱，於丼碗內盛飯到六分，飯上放兩塊天婦羅，澆上少量醬油，另外添加芥末、蘿蔔泥、淺草海苔上桌。」（《伊呂波順家庭料理》〈天丼〉大正元年）、「蝦、花枝等炸成天婦羅放置，將剛煮好的飯盛於缽中，上面放置三、四片天婦羅，在事先煮好的鰹魚高汁中加入醬油調味，澆在天婦羅上，蓋上碗蓋，放進蒸籠蒸。不需蒸透，等蒸氣冒出，經兩三分鐘後取出即可。」（《最新和洋料理》〈天丼的作法〉大正二年）、「在飯碗或加蓋的丼缽中盛入熱飯，其上放些天婦羅，以高湯、砂糖、酒、醬油混合煮沸的湯汁澆在飯上，進蒸籠稍微蒸一會兒，趁熱食用。」（《家庭實用菜單與烹調法》〈天丼〉大正四年）。

天婦羅煮過放在飯上時，需蓋上丼蓋後蒸，若是天婦羅未煮過放在飯上，澆入醬汁的話，則放進蒸籠蒸。蒸成了製作天丼的特色。《天婦羅通》（昭和五年）的作者說：

「首先咬一口被天婦羅醬汁和飯的蒸氣浸軟的天婦羅，然後往下把飯翻攪，扒起滲入醬汁的白飯。醬汁與天婦羅的油微微融合處，味道濃郁最是可口。」

現在店家賣的天丼，甚至不加蓋讓蝦尾或星鰻肉溢出碗外，但是明治到昭和初期，民眾喜愛的是白飯與天婦羅攪和在一起形成的美味。

四　天丼的普及

天丼名店出現

在天丼成為天婦羅店固定菜單的過程中，出現了像新橋的橋善之類的天丼名店。橋善在《東京流行細見記》〈本胡麻屋揚〉（明治十八年）中，是記載為「新橋口，橋善」的老店，沿著銀座通往南走，過了新橋（橋名）的地方（圖33，一一七頁）。《月刊食道樂》（明治三十八年五月號）中有：

「與天金齊名的是新橋的橋善，這家店有特別的聲明。（略）一坐下來，女侍應生（帶頭的十七、八歲，跟著十二、三歲的有四、五人。全都挽起袖子）即過來問道：『您要吃飯還是喝酒？』看了一遍價目表，天婦羅上等廿錢，中等十三錢，天丼也同價。白飯四錢，新漬醬菜一錢，酒八錢，也有啤酒。其他也做生魚片和醋漬小菜。這些各十錢。價目表之後，標題處寫了奇妙的但書：『另外向各位客官稟告，飲酒每人僅限四合，以上恕不供應。』」

《東京名物志》（明治三十四年）裡也介紹：「精選用料魚，故味道極佳。酒類一人四合，以上謝絕。」橋善供應生魚片和醋漬小菜來接待酒客，但是限制酒量，以品嘗餡料的天婦羅和天丼作為賣點，因而成為聞名的天丼名店。

生於明治二十七年的知名美食家兼作家小島政二郎曾回想：

「在三田求學時（略）橋善的天丼二十五錢。天金沒有天丼，天婦羅應該是五十錢吧。天金的天婦羅稍微高級，橋善的天婦羅雖為粗陋之極，但是在美味這一點上遙遙領先，完全投江戶庶民之所好，油膩、份量多，讓人吃得心滿意足。」

這是大正五年（一九一六）前後的狀況。

橋善推出迎合大眾的大份量天丼，博得好評。大正十二年（一九二三）刊的〈東京名代食物番附〉排行榜中，為「小結：新橋橋善，天丼」（圖35〔譯註：小結為相撲力士的位階之一，在幕內的地位中，自橫綱往下相當於第四位〕）。附帶一提，在這份番附中，靈巖島大黑屋的鰻魚丼被評為大關等級，受到的好評比天丼高。

回到正題，後來橋善的天丼大受歡迎，必須等候才吃得到。《東京名產走食記》（昭和四年）中評道：

「橋頭邊有一家大眾口味、大量生產天婦羅的橋善，這裡的天婦羅內容豐富，即使肚子很餓也會有點吃不下。但是缺點是等了許久，口味卻不太高級。」

小島政二郎對戰後的橋善這麼說：「橋善生意非常興隆，即使是現在，在用餐時間去的話，依然是賓客雲集，連坐的地方都沒有。但是，一百日圓就能吃

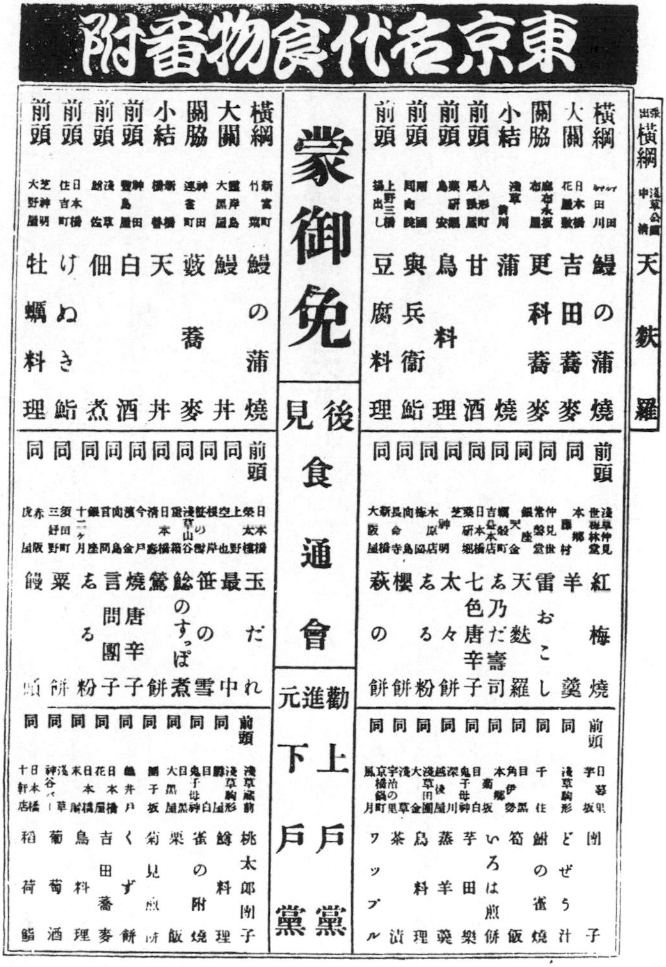

圖35 排名為小結的天丼〈東京名代食物番附〉（大正12年）

到天丼附味噌湯，生意當然暢旺，但是與過去相比，味道變差了。」（《貪吃鬼二》）。這是昭和三十年（一九五五）時的景況。當時的鰻重價格三百五十日圓，用大約三分之一的價格就能吃到附味噌湯的天丼。橋善還是一樣興隆，但是正如小島政二郎說的味道變差，也許受此影響，它在平成十四年（二〇〇二）關門大吉。

高級天婦羅店也有天丼

相對於大眾化的橋善，前面也提到的天金，是另一家以高級天婦羅聞名的店。天金與橋善都被《東京流行細見記》的〈本胡麻屋揚〉列入排名，載為「銀座，天金」（圖33，一一七頁），明治二十三年刊的《東京百事便》中推崇它是「都下有名的天婦羅店」：

「天金：位於銀座四丁目，為都下有名之天婦羅店。一人份一律拾五錢（三種），其他按各人喜好加點，即使是上流紳士，也得和其他愛吃天婦羅者同處一室，雜沓用餐。而這家店最奇特的是，雇用的跑堂全都梳著丁髷，散髮者一律不用。」

他稱這家店的跑堂全體都梳著丁髷，頗有回到江戶時代之感，但是明治二十三年二月二十日《東京日日新聞》刊載的插圖，這家店裡服務客人的都是女店員。（圖36）

明治二十年的蕎麥麵（冷麵、掛麵）價格為一錢，泡澡費一錢三厘，明治二十五年日薪工人的薪水每天十八錢（《價格的〔明治・大正・昭和〕風俗史》、《續續價格

圖36 天金的店內。女店員捧著刻有天金字樣的膳桌前來。《東京日日新聞》（明治23年2月20日）

的（明治・大正・昭和）風俗史》）。相比之下，這家店的座位儘管是並排坐的長板凳，但三種冷麵的「陽春」價都相當貴，要十五錢，不過生意還是十分興隆。明治三十四年出版的《東京名物志》便大為稱讚：「未吃過此家的天婦羅，沒資格談天婦羅。其一人份價格雖比別店高，但份量較多。」

如小島政二郎所說，天金雖是高級店，但「天金沒有賣天丼」（一二七頁），他們本來雖然不賣天丼，但也不能繼續這樣下去。出生在天金之家的日本文學學者池田彌三郎（大正三年生）就曾說：

「當時，世面上景氣跌入谷底，我父親原本在天金的隔壁開了一家『銀座美術園』書畫店當作消遣，那時也收了起來，改成以大眾化低價的天丼店。那是昭和五年十月的事，天丼賣三十五錢，外加一碗湯十五錢，免費附贈送本店招牌醬菜絲，是『丼湯五十錢』，店名就叫做『天金食堂丼湯』。」

（《銀座十二章》昭和四十年）。

這項嘗試成功了，在《大東京美食走食記》（昭和八年）特別提到：

「天金：（略）這家天婦羅最高級店，也是銀座招牌，聞名已久，但是它在隔壁開設的獨立食堂樓下設了座位，掛起天婦羅（七十錢）、丼湯（五十錢，天井附湯）的招牌，不忘趕上時代的浪潮，令人佩服。」

大正七年，天金從最初創業的地點（銀座四丁目，今天和光的西側），遷到馬路對面（銀座五丁目），新建的本店隔壁開設的天金食堂，以五十錢的低廉價格提供買天丼附湯的招牌菜「丼湯」，他開心地說「天金食堂的確是天丼迷不可錯過的地方」（同書，圖37），也就是說即使像天金這樣的高級店，為了趕上時代的潮流，也必須推出天丼，對天婦羅店來說，天丼已經是不可缺少的品項了。

天金在戰爭中焚毀，戰爭結束後立刻重新開張，但還是在昭和四十五年關門歇業。

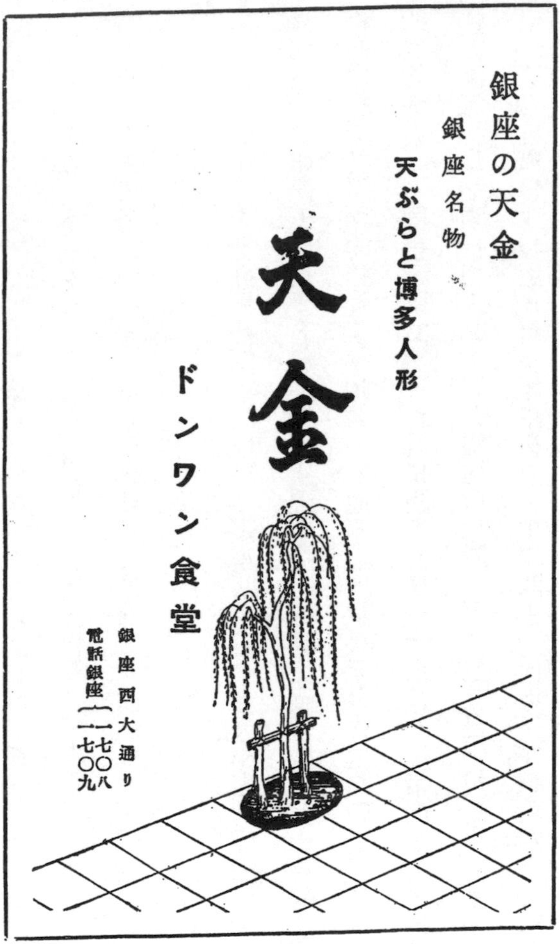

圖37 天金的廣告。有「丼湯食堂」。《大東京美食走食記》（昭和8年）

蕎麥麵店賣天丼

前面介紹過，在江戶後期蕎麥麵店就已經有天婦羅蕎麥麵了（一〇六頁）。但是，天丼一直未被列入蕎麥麵店的菜單中。平山蘆江（明治十五年出生的新聞記者）在《東京備忘錄》（昭和二十七年）寫道：

「明治時代自日俄戰爭結束之後，東京夜晚的街頭也開始響起哀傷的嗩吶聲。叉燒麵、餛飩麵或拉麵等油滋滋的麵，趕走了鍋燒烏龍麵店、風鈴蕎麥麵店（譯註：出現於江戶寶曆年間〔一七五一～六四〕的麵攤子，特色是攤子不只掛了風鈴而且還加了辛香料），與天丼聯手闖入蕎麥麵的攤子，連令小哥威風坐姿難以發揮的怪異圓桌、快壞的座椅，也都占據了掛著藪蕎麥招牌的店家。」

此文告訴我們蕎麥麵店的變化，和推出天丼時代的來臨。這裡雖然沒有指出蕎麥店賣天丼的明確時期，但是小吃店指南《食行腳》（大正十四年）裡，〈蕎麥屋丼的始祖〉一文記載：

「在蕎麥麵店裡，井飯的歷史並沒有那麼久，大正元年，新宿武藏野館後方的船橋屋，開始賣起天丼和親子丼，這便是創始。當時，相當多同業都用輕蔑的態度看待新宿的船橋屋也賣起飯啦，然而後來，淺草仲見世的萬屋也跟進後，不久市內到處可見蕎麥麵店，大家爭先恐後地兼做起賣飯的營生了。」

內容描述大正元年新宿武藏野館後的船橋屋（現在的「天婦羅船橋屋」），開始做起天丼和親子丼生意後，市裡所到之處，這種蕎麥麵店不斷增加。《風俗》雜誌（大正六年六月一日號）則說：

「這兩、三年來，蕎麥麵店兼賣天丼、親子丼的店家變多了，最初是在鐵路車站前，方便旅客填飽肚子開設，但由於餡料用的天婦羅、雞肉、雞蛋等都可以共用，所以一家接著一家開。現在，在『龍丸體』的招牌旁，絕對看不到其他不同的招牌。這也可視為東京地方化的例證之一。」

作者是說，原本蕎麥麵店就有天婦羅、雞肉、雞蛋，因而能賣天丼和親子丼，這種店也因此慢慢增多。「龍丸體」是蕎麥麵店招牌專用的書寫體。

蕎麥麵店從大正元年前後開始推出天丼和親子丼，大正三、四年時這種店大增，關東大地震後不久，《新帝都看板考》（大正十二年）在東京市街從北到南到處邊走邊速描，畫出「鐵皮招牌大約六百有餘」，其中速描到深川公園附近蕎麥麵店，掛著寫有「蕎麥麵、天丼、親子丼，藪平」的招牌（大正十二年十一月二十八日的速描，圖38），可以證實蕎麥麵店確實有賣天丼。昭和五年出版的《蕎麥通》，作者感嘆：

「現在的蕎麥麵店，自從地震之後，於庭園景色保有往日形影的店家已不復見，而且在東京，代表性的蕎麥麵店家家都在門口的水泥地擺著桌子和椅子，

圖38 蕎麥麵店的招牌，寫有「麵、天丼、親子丼，藪平」。《新帝都看板》（大正12年）

變成簡易的食堂，為了迎合時代的要求，這也是不得已的事。但是，店中的主角蕎麥麵成了配角，反倒賣起親子丼、天丼和中華麵類，真是令人憂心。」

從此可見，「蕎麥麵店有天丼」已是常態。

蕎麥麵店存在於東京的市井之間，明治十年時，東京府內有六百二十四家麵店（《明治十年東京府統計表》明治十一年），到了昭和十一年，「二千五百餘家」蕎麥麵店加入「大東京蕎麥麵工會」（《麵業五十年史》昭和三十四年）。蕎麥麵店將天丼加入菜單的結果，讓天丼更進一步成為日本人的日常飲食。

天丼成為東京名產

明治二十六年出生的露木米太郎，是銀座「天國」第二代老闆，這家以天丼為主的店，一整年都在天丼上動腦筋，「這家店從一開始麵衣的作法就不相同，醬汁也分為天丼用與天婦羅用。」在這種基礎下，他自豪地說：

「天丼醬汁的作法有江戶特有的滋味，就其醬汁作法來說，各店的老闆們用盡苦心，偷偷地到其他店裡去品嘗人家的天丼，哪怕只有一點點，也想把其他店的好滋味加進自己的醬汁，互相學習和競爭，所以只有天丼的味道才是東京名產，也是不允許其他地方追隨的江戶口味。」（《天婦羅物語》昭和四十六年）

東京的天婦羅店累積了許多花在天丼天婦羅麵衣和醬汁上的心思，將天丼打造成東京名產。在東京就能吃到美味的天丼，即使是今天也吃得到。

江戶庶民在小攤子吃到的江戶前天婦羅，在江戶市井間與蕎麥麵相遇，融合成天婦羅蕎麥麵，與茶泡飯相遇，誕生了天婦羅茶泡飯。進而與白飯相遇，誕生了天丼，發展成東京名產的天丼，滿足了我們的口腹之欲。

第三章
親子丼的誕生

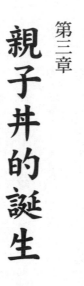

一　不吃雞肉的日本人

養來報時的雞

眾所周知，親子丼以雞肉與雞蛋為主材料，因而得名。今日，我們可以輕易地吃到這種組合的親子丼，但是親子丼誕生前卻走了一條遙遙長路。

日本大約從二千年前便開始養雞（《日本人的誕生》昭和六十二年），也有人吃雞肉，但是天武天皇於天武四年（六七五）四月十七日發布禁令：「自今以後（略）莫食牛馬犬猿雞之宍（肉），以外不在禁例。若有犯者罪之。」禁止吃牛、馬、犬、猴的肉和雞肉（《日本書紀》養老四年，七二〇）。這道禁令讓百姓很難吃到雞肉，而雪上加霜的是，元正天皇在養老五年（七二一）七月二十五日，又下令：「諸國雞豬，悉放本處，令遂其性。」禁止百姓飼養雞和豬，命令全國飼養的雞和豬都需釋放到原本的棲息地（《續日本紀》延曆十六年，七九七）。

天皇下詔使得在日本連養雞都有困難，不過實際上並非如此，因為如果飼養的目的不是為了食用就沒關係，所以民眾養雞作為「報時鳥」。室町時代的公卿萬里小路時房的日記《建內記》中，嘉吉三年（一四四三）六月二十三日的記載「異國畜雞乃為食用，本朝無此例，只用於報時。」

安土桃山時代末期訪日的傳教士陸若漢（João Rodrigues，滯日期間一五七七～一六一〇）也證明：

「飼養雞、番鴨、家鴨或為娛樂，不為食用。因為王國（日本）之人皆視豬、雞、牛等家畜為不潔之物，家畜一般的用途並非食其肉。」（《日本教會史》第七章，元和八年〔一六二二〕左右）

這時期的日本，人們認為雞是不潔之物。

在不吃雞肉的時代，雞的飼養方法與今日不同，據考人們多只在院裡放養雌雄雞一對，所以才稱之為「庭鳥」。在《名語記》（建治元年，一二七五）中寫道：「問：庭鳥為何？答：雞也。常棲於庭中故為庭鳥歟。」

圖39 平安末期的鬥雞，使喚公雞相鬥。《年中行事繪卷》住吉家謄本（江戶前期）

正如陸若漢所說「飼養雞、番鴨、家鴨只為娛樂」，日本自古就有觀賞雞隻相爭的鬥雞活動，平安時代的宮中「鬥雞」是三月三日節時的例行儀式（圖39）。

愛吃野禽

日本人不吃雞肉，相對的卻愛吃野禽肉。

記載室町時代典章習俗的《海人藻芥》（應永二十七年，一四二〇）中云：

「大鳥為白鵠、雁、雉雞、野鴨，此外不另備供御（天皇膳食）。小鳥有鶉、雀（譯註：雲雀）、雀、鴫（譯註：鷸），此外不另備供御。」

可知野禽類已升等為天皇及公卿、武士家的宴饗。

其中最珍貴的美饌為雉雞，多數野禽為候鳥，自外地飛到日本，捕捉的季節有限，但雉雞一年四季棲於山林之中，全年皆可捕捉。所以，平安時代的宮廷宴饗上供應的禽類肴饌，大多以雉雞為材料。

鎌倉末年，雉雞於鳥類中最為高貴的觀念普遍成形，《徒然草》（元弘元年〔一三三一〕時）云：「鳥中無如雉之物也」，人們將雉雞定位為至高無上的禽鳥地位，到了室町時代，甚至有「唯雉可稱鳥」（《四條流庖丁書》延德元年，一四八九）的說法。尤其是鷹獵時捕獲的雉雞稱為「鷹之鳥」，為最上等的珍饈。

但是，織田信長、豐臣秀吉相繼掌握霸權之後，對野禽的價值觀出現了變化，饗宴與茶會的菜單上鶴的地位逐漸受到重視。前述陸若漢撰寫的《日本教會史》第七章中提到當時茶會中流行的菜單有：

「狩獵所獲的鳥禽，日本人最珍視者第一為鶴，第二為白鵠，第三為野鴨。貴人於莊重宴會上舉行茶會之時，為盛大宴請，必以此三種其中之一待客。」

而德川將軍家也繼承了這種將鶴視為珍饈的思想。

可以吃雞蛋

至於雞蛋，由於不在天武天皇食肉禁令的範圍內，所以不像雞肉那樣被視為禁忌。

佛教訓示集《日本靈異記》中卷第十（弘仁年間，八一〇～八二四）敘述一名「常取雞蛋煮食為樂」的男子，被陌生的士兵叫住，並且推入點燃的麥田中燒死的故事。故事最後警告世人「現世烤煮雞子者，死後墜灰河地獄。」一文中的「灰河地獄」為十六遊增地獄之一，附屬於八熱地獄，指在如河水般的熱灰中懲罰罪人的地獄。

另外，無住和尚的《沙石集》（弘安六年，一二八三）中也以「殺雞子者得報應」為題，講述尾張某女子殺害大量「雞子」給自己孩子食用，最後遭到失去二子報應的故事。

這兩個故事都是藉由佛教殺生戒，講述吃雞蛋得惡報的故事，但換個角度想，它其實也說明了當時確實有人在吃雞蛋。

還有人賞花時吃雞蛋。源顯兼的《古事談》〈第二，臣節〉（建曆二年～建保三年〔一二一二～一五〕前後）描述在舉辦賞櫻的酒宴時，廷臣藤原惟成命仕丁（打雜的家丁）挑著「長櫃飯二、外居雞子一、折櫃擣鹽一杯」前往，受到在場者的歡呼。「外居」是一種用檜木削成的圓筒形容器，用來裝運食物，外側有三支彎拱的腳（圖40）。用這種容器裝「雞子」（雞蛋）挑去，雞蛋的數量肯定不少，而折櫃（檜木薄木折彎製成的木盒）中放了「擣鹽」（擣碎的細鹽）帶去，

圖40 擔著「外居」的男子。《春日權現驗記會》（延慶2年，1309）

眼前似乎浮現出參加者一面賞櫻，一面吃著沾鹽水煮蛋的景象。

無住和尚雖然在《沙石集》中提到吃雞蛋有惡報，但是《雜談集》〈卷之二〉（嘉元三年，一三〇五）裡卻記載了和尚愛吃雞蛋而破戒的笑話。

「某上人取雞卵煮而食之，不欲小法師知曉，便稱其食乃茄子漬，小法師查知，有意乘機說破，便趁破曉雞鳴時說：『師父，茄子漬之父啼也，您可聞否？』」

故事說的是某位高僧煮蛋來吃，為了瞞騙小和尚，便稱蛋為茄子漬。小和尚得知後，決定找機會揭穿此事。便抓住破曉雞鳴的機會說：「茄子的父親啼叫了，聽得見嗎？」藉此揭穿高僧的作為。

由此可見和尚當中也有人吃雞蛋。

吃雞蛋的普及

到了室町時代，人們已將雞蛋當成食品，《尸素往來》（室町中期）的〈巡役之朝飯〉中，便將前往「巡役」（每隔固定時間巡視的任務）當日早飯應準備的食材，按「四足」、「二足」、「魚類」分門別類地列出，其中的「二足」便有「雉、鶉、鴫、鶬（譯註：亦為雲雀）、鴛、鴨、雁、鵠、鶴、鷺、小鳥、卵子等」，「卵子」之名與當時人們喜愛的野禽類並列其上。

翻開《文明本詞彙集》（室町中期），當時將「雞」分類為「氣形門」（生物類），卻將「雞卵」分類至「飲食門」。雞被視為生物（動物），但雞蛋卻被視為食物。

人們視雞蛋為禁忌的觀點日漸淡薄。

不久，十六世紀中葉歐洲人渡海來日，日本人的飲食生活產生了變化，永祿六年（一五六三）到日本，致力傳教長達三十四年，最後在長崎結束一生的葡萄牙傳教士路易士・弗洛伊斯（Luís Fróis）談及「這時（一五九三年前後）從事的幾次布道成果」當中，敘述：

「他們之間對我們（歐洲人）的食物非常希求，特別是蛋和煮牛肉，這些過去日本人非常厭惡的食物尤其如此。連太閤大人（秀吉）都非常喜歡這類食物。葡萄牙人的各種物品，在他們之間都受到好評，著實令人驚訝。」

（《弗洛依斯・日本史》五畿內編，第六十九章，十六世紀後半）

在弗洛伊斯看來，日本人討厭雞蛋，但受到訪日歐洲人的影響，吃蛋才在日本人之間普及開來，而且也學會吃牛肉。不過，後面會提到，由於秀吉與江戶幕府禁止屠牛，所以牛肉食品如曇花一現很快就告終（二〇八頁）。

江戶時代，儘管時間晚了許多，但也開始吃雞肉。不過並沒有親（雞肉）與子（雞蛋）同在一種菜肴中出現的狀況，親子丼還有很遠的路要走。

二　江戶時代怎麼吃雞肉、雞蛋

食譜中出現的雞肉、雞蛋

到了江戶時代，已有雞蛋的烹調方法，寬永三年（一六二六）九月六日，後水尾天皇行幸京都二條城，前將軍秀忠與第三代將軍家光父子出城相迎，駐輦五日之久。當時幕府招待的饗宴菜單順序保留了下來，其中「十日晨」奉上「嫩蒸玉子泡」（《後水尾院陛下行幸二條城菜單》寬永三年）。雞蛋料理作為德川幕府展現威望，款待天皇的御膳之一，雞蛋以漢字玉子稱呼，這是用玉子二字標記雞蛋的最早例子。「嫩蒸玉子泡」在寬永二十年（一六四三）出版的《料理物語》裡記載「打一個玉子，加入玉子三分之一量的高湯、醬油、煎酒，慢火燜蒸（使之沸騰）。若是變硬便是煮過頭了。」（這裡也標記為「玉子」）

另外，書中也有使用雞肉的菜肴，《料理物語》中記載：

「雞湯、煎雞肉、刺身、雞肉飯。雞蛋有嫩蒸玉子泡、烤麩蛋、美濃煮、煮蛋、魚板、蛋素麵、蛋酒等等。」介紹了四種雞肉料理和七種雞蛋料理（圖41）。

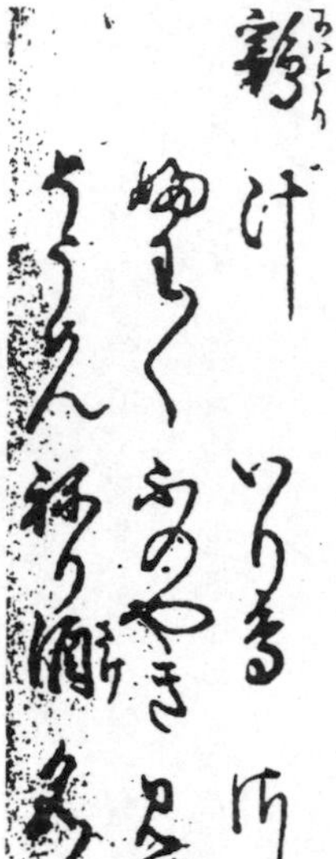

圖41　雞肉與雞蛋的料理名。《料理物語》（寬永20年）

到了江戶時代，人們雖然依然愛吃野禽，但是因為濫捕使野鳥數量大減。八代將軍吉宗見鳥類減少，於享保三年（一七一八）七月起的三年，頒布告示禁止以鶴、白鵠、雁、鴨作為贈答禮或食材，限定江戶只能有十間鳥禽店。（《御觸書寬保集成》一一三四）

野禽的減少造成雞隻需求增加，雞肉的食用逐漸普及，但是與雞肉相比，雞蛋的烹調法更加豐富多變，即使是《料理物語》裡也刊載了許多雞蛋料理，三〇年後出版的《古今料理集》（寬文十年～延寶二年〔一六七〇～七四〕左右），「庭鳥」的烹調法有雞湯、煎烤、能平煮（帶點濃稠的燉煮）、船場煮（鹹味的燉煮）、雞肉飯、煮雞、白切雞、濃漿（譯註：和蔬菜一起燉煮的濃郁味噌湯）等七種，然而「雞蛋」的料理法多達二十九種。

到了天明五年（一七八五），《萬寶料理祕密箱》〈前篇〉出版，這本書收集了一百零三種雞蛋料理，有「玉子百珍」的別號。另一本是搜羅下酒菜、清湯等清一色雞蛋料理編纂而成了《萬寶料理菜譜集》。

養雞業尚未發達的江戶時代

翻閱食譜，江戶時代的雞肉與雞蛋消費看起來應該相當多，但是從當時的生產量可知，並沒有到達這個程度。一六八九年，巴黎根據訪日法國傳教士寄回本國的書信所編纂的《日本西教史》中提到，日本的高山森林裡，鹿、野豬、兔等動物繁多，鳥類也多，但「不見牧養鳥獸謀活計者」，如他所說，江戶時代養雞業並不發達。

人見必大的《本朝食鑑》（元祿十年，一六九七）中，舉出養雞三大優點：

「民間飼養（雞）者有三利，一者，風雨日山中田家不明晝夜時，雞鳴可知時間。二者，庭院裡穀菽脫落混入沙土中，雞也會一顆不漏地啄食殆盡。三者，飼雞多者，生蛋也多，時時於市集販賣，可獲不時之利。」

雖然時時可賣雞蛋，但在這個時期還沒看到為求獲取利益的養雞法。宮崎安貞在《農業全書》（元祿十年，一六九七）中便論述養雞雖可獲利的難處：

「縱使（雞）甚為得利之物，然若宅院無廣大餘地，難以多畜，凡畜雄鳥二雌鳥四、五者為宜。（略）若多畜之，唯人難以日夜看守，為防狐、貓侵入，應畜有能之犬看守之，然言雖如此，農人之家若多畜雞，穀物花費亦多，常人即使以此營生亦難速成之。且多飼乃依其人之才學。」

意思是飼養雞時，以公雞二隻、母雞四、五隻最為適當，若飼養多隻，為了防止狐狸與貓的偷襲，必須飼養守門犬加以訓練，穀物的花費也高。一般人難以飼養太多雞，必須有相當的才學。

此外，江戶時代的雞生蛋數量也少。佐藤信淵的《經濟要錄》（安政六年，一八五九）中便有：「凡雌雞，自二歲起至六歲之稚雞，飼予良糧，以法飼育時，每年生蛋達百四、五十，六歲以上隨齡越高，生蛋越少」。比起幕末時期飼養現在蛋用種白色萊亨雞，一年產二百八十個蛋，當時即使用優越的方法飼養，生蛋量也只到達一半左右。

無法自由買賣的雞蛋

雞蛋生產量不多，因此幕府指定了「御用玉子批發店二十七軒」作為雞蛋交易處，御用玉子批發店持有直接向雞蛋生產者進貨的特權，但也負有向幕府繳納雞蛋的義務作為回報，但是不透過這些御用玉子批發店，直接向生產者進貨的人源源不絕，因此町奉行所於天明八年（一七八八）五月二十九日，向年番名主（按地區編組的町公所代表町長，每年輪替）發出公告（《德川禁令考》前集第五）：

「限繳納御用玉子之二十七人，得直接收受玉子商貨批發販賣，其他人需向二十七家批發店購買販賣。然有非商家偷偷收買玉子商貨，或前往半途，向山中帶出玉子商貨，高價購入。或直接前往鄉間交易，因此近年玉子價格水漲船高。依天明六年之規定，今後此類行為一律禁止。町中從事玉子販賣者，需向二十七名御用玉子批發商購入販賣。」

這類公告後來一再發了多次，可見這個制度無法貫徹執行，但是江戶的雞蛋運銷由町奉行所掌控。

這個制度維持了一段時間，在文政二年（一八一九）七月廢止。原因不詳，但是之後開放自由買賣，玉子批發店的數量增加。天保九年（一八三八）有記錄，江戶市中有五十七名「玉子渡世」的人（《諸世留》五）。但是，雞蛋的流通量依然不多，水野忠邦發起天保改革，天保十三年（一八四二）三月八日，下令五十八項日用品降價，其中並不包括雞蛋，從中可以看出雞蛋不是「日用品」，雞蛋的價格對市民生活並沒有那麼大的影響。

昂貴的雞蛋

非日常食物的雞蛋價格昂貴，下級幕府官員小野直方的日記《官府御沙汰略記》（延享二年～安永二年，一七四五～七三）仔細記錄日常生活，其中也記載了購買雞蛋的價格。延享五年三月六日「四十文買雞蛋四個」（一個十文）、寬延二年八月二十三日「玉子三個四十五文，砂糖十五文，黑砂糖卅文買之」（一個十五文）、寬延三年三月十一日「四十八文買雞蛋六個」（一個八文）、寬延四年三月十日「六十文買雞蛋六個」（一個十文）、寶曆二年三月八日「四十二文買雞蛋五個」（一個八文）

自江戶中期的延享五年（一七四八）到寶曆二年（一七五二）之間，一個雞蛋的價格為八文到十五文，當時的一文相當於現在多少錢呢，這個問題很難回答，不過，從江戶中期到後期，若是以一石米（約一百五十公斤）值一兩錢為標準來換算，一兩大約是日幣七萬五千日圓。公定行情一兩可換四千文，所以一文相當於十三日圓，也就是說一個蛋價值一百零四～一百九十五日圓。

賣水煮蛋的在大街小巷穿梭，賣起昂貴的雞蛋，《近世職人盡繪詞》（文化二年，一八〇五）裡，有叫賣雞蛋的畫，商人喊著「雞蛋、雞蛋，要不要煮熟的雞蛋啊，也有生蛋。」一邊走邊賣（圖42）連叫兩聲「雞蛋、雞蛋」是叫賣雞蛋的特色。有川柳詞云「忽聞雞蛋聲，一聲嫌少，三聲嫌多」（柳六〇，文化九年）《守貞謾稿》卷之六也記述了叫賣雞蛋：

「賣煮雞蛋的人，賣的是水煮蛋，價格約二十文，叫聲為『雞～蛋，雞～蛋』一定只有兩聲，既非一聲也非三聲。」水煮蛋一個賣二十文（二百六十日圓）。

圖42 賣水煮蛋。《近世職人盡繪詞》（文化2年）

《守貞謾稿》卷之五中羅列了蕎麥麵的菜單，陽春蕎麥麵一碗十六文，而「滑蛋麵」要三十二文，滑蛋麵的價格是陽春麵的兩倍，等於追加一顆蛋的價格（圖43）。

另外，該書後集卷之一裡也記錄了握壽司的價格，明蝦、白魚、鮪魚刺身、窩斑鰶、星鰻等握壽司一個八文，而「玉子卷為十六文」。玉子卷的價格是鮪魚的兩倍（圖44），與今日大異其趣。到了幕末，雖然雞蛋價格依然居高不下的狀況，讓親子丼很難出現，但雞肉與雞蛋的不同階級（身分）也成了牽累。

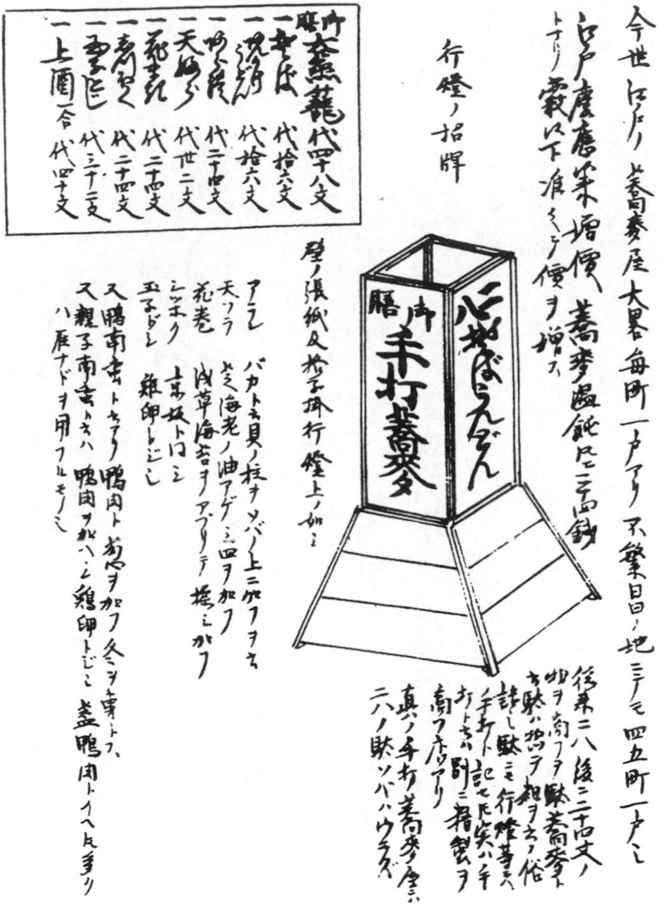

圖43 蕎麥麵店的菜單，有寫「御膳蒸籠：代四十八文，蕎麥麵：代拾六文，勾芡烏龍麵：代拾六文，霰麵：代二十四文，天婦羅：代三十二文，花捲：代二十四文，滑蛋麵：代三十二文。」《守貞謾稿》（嘉永6年）

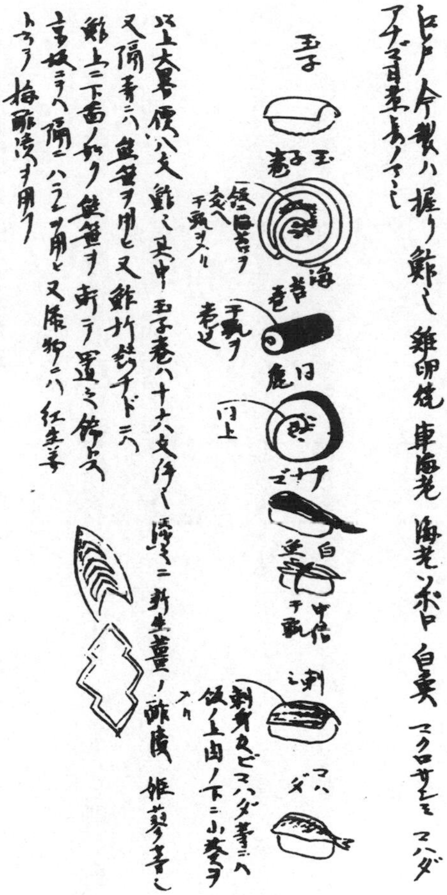

圖44 壽司的種類與價格。壽司的畫後面寫「以上，大略價八文壽司也。其中玉子卷為十六文許也。」《守貞謾稿》（嘉永6年）

三　階級不同的食材

室町時代的食材級別

室町時代，公卿武家的社會流行給食材貼上階級的標籤，公卿社會的料理流派——四條流的口傳書《四條流庖丁書》（延德元年，一四八九）寫道：

「美物應善加調理後端出，端出的順序應按美物的位階，魚以鯉為首，其後則為鯛等。（略）若為水鳥，順序應按白鵠、豆雁、雁等端出。但鷹之鳥則另當別論。」

意思是，魚鳥類（美物）應該按位在上者端出，魚類以鯉，鳥類以白鵠位居第一，但鷹之鳥（用鷹獵捕獲的鳥）則有破格待遇。

武士伊豆守利綱撰寫的《家中竹馬記》（永正八年，一五一一）中也有：

「樽、美物等的目錄順序，魚在前，鳥在後也。魚中，鯉為第一也，其次為鱸。河魚在前，海魚在後。鷹之鳥、鷹之雁、鷹之鶴等因賞鷹之故，書於鯉之前也。」

文中列舉出將美物寫於目錄時的順序，魚在上位，其次才是鳥。魚當中，鯉魚排名第一，鱸魚次次，河魚較海魚位階高。魚比鳥位階高，但鷹之鳥仍舊另當別論，其位階最高，更高於鯉。

做菜時還要考慮食材位階，真是不容易，但那就是重視這種階級的時代。

雞與雞蛋身分不同

江戶時代延續了食材的等級，到了這個時代，也將雞和雞蛋納入品評當中。從料理書便可見一斑。

《古今料理集》（寛文十年～延寶二年，一六七〇～七四）中關於魚鳥類，分成「賞味也」、「亦可賞味」與「不宜賞味」三個等級。鳥類方面，白鵠、雁、鶴、鴫、金斑鴴、鶉、鳧、水鴨、鷺、雉雞、椋耳鵯等歸入「賞味也」（值得品嘗），相反的「庭鳥」的評價很低，屬於「不宜賞味」（不值得品嘗）。不過，雞蛋的評價卻很高，「玉子，賞味也」，待遇與野禽同等。

《黑白精味集》下卷（延享三年，一七四六）中，將魚鳥類分成上、中、下三個等級。鳥類中，斑雁、綠頭鴨、雉雞、蒼鷺、紅冠水雞、鷭、鶉、雲雀、鵯、鴨鶩（野鴨與家鴨的雜交鴨）等野禽類列為「上」等，然而雞「下也。專冬。夏土用內柏雌」，被評為「下」。但雞蛋卻是「雞蛋，上，四季用」，屬於「上」。而且，雞肉食用有限定時間，雞蛋卻是四季都可用。

雞與雞蛋等級高低有別。

這種觀念也表現在江戶幕府的服喪令上。元祿元年（一六八八）十二月，幕府規定前往「上野、紅葉山、增上寺參拜時」信眾不得「食穢」的期間。

其中：

「一　羚羊、狼、兔、狸、雞　五日
二　牛馬　一百五十日
三　豬、犬、羊、鹿、猿、野豬　七十日
四　二足為前一日早晨六時起不得食用，雞蛋與魚同
五　五辛前日早晨六時起不得食用。」（《御觸書寬保集成》）

雞被納入羚羊等四腳獸類之中，在參拜五天以前開始禁止食用，但雞蛋的待遇卻與魚類相同，並不忌諱食用。幕府對雞肉抱持著差別意識。

這種歧視似乎與天武四年（六七五）發布禁止肉食令後，日本人避諱食用家禽與家畜，但吃雞蛋卻沒有禁忌有關，雞蛋的食用比雞肉更早開始。

江戶時代的雞肉與雞蛋

因為這個緣故，很少有將階級相異的雞肉與雞蛋組合起來的料理，前面提到

有「雞蛋百珍」之稱的《萬寶料理祕密箱》收錄了一百零三種雞蛋料理，但是同時使用雞肉和雞蛋的料理只有「冬蔥蒸蛋的作法」一項。這道菜的作法是：

「將蔥的蔥白或淺蔥切成碎末，在溫酒中浸一會兒，瀝乾後，放入中盤或飯碗，打個蛋進去即可。但是也可加入熟雞肉，再加少許醬油。」

這是雞肉與雞蛋的茶碗蒸，但是未必需要放入雞肉。

十返舍一九的《別再互相串戲》後編（文化三年，一八〇六）中描述一對感情融洽的夫妻，在鍋前吃飯的經過，「兩人用煮夜酒的小鍋，相親相愛地吃起滑蛋鴨肉鍋」（圖45）。這裡出現了禽肉的滑蛋，但用的不是雞肉。

此外，前面介紹過的《守貞謾稿》在蕎麥麵的菜單裡也看得到「親子蔥花麵」的菜色，文中解釋「所謂親子蔥花麵裡，放了鴨肉和雞蛋花。不過，雖然對外稱鴨肉，其實大多用的是雁肉。」（圖43，一六二頁）也就是說雖然稱作親子蔥花，但用的食材並不是親子。

圖45 兩夫婦坐在滑蛋鴨肉鍋前。《別再互相串戲》（文化3年）

正如《黑白精味集》所見，鴨、雁和雞蛋皆屬「上等」，而雞則歸在「下等」，滑蛋鍋或親子蔥花麵之所以不用雞肉，一方面因為江戶時代人們好吃鴨肉，而且雞肉還未成為普遍的食材，除此之外，雞肉與雞蛋的身分高低應該也有關係。在士農工商的身分制社會中，這種差別意識也擴及到食材上。

即使到江戶時代尾聲，從生產量、價格，或是等級高低的不同，都不是足以用雞肉與雞蛋製作親子丼的時機。此外，江戶時代雖然看得到蕎麥麵上加天婦羅的天婦羅蕎麥，和加了鴨肉雞蛋花的親子蔥花麵，但是，還沒有人想出把料放在飯上的點子。

四 養雞業的發達

養雞業的蓬勃

江戶時代，人們只會小規模的養雞，不過到了幕末，出現了很大的變化，《風俗畫報》第二六號（明治二十四年三月十日）中提到：

「美船駛入橫濱以來，見外國人以牛肉為常食，其風儀瞬即移入本邦，慶應二年（一八六六）左右《續武江年表》已見販賣牛肉情事，然食雞肉者較當時漸次增加，以至今日達盛況之極。如今養雞事業大起，蓄（畜）產家中以此為專業者陸續出現，求購外國之種雞，互競各自之珍奇飼養雞，一時其聲價（成果）有至數百日圓者。」

顯示幕末因為鎖國開放，吃牛肉普及，雞肉的消費量也增加，養雞業蓬勃發展，也開始進口外來種雞，根據《實用養雞百科全書》（大正十四年）：

「初次進口本邦之洋種雞，安政年間（一八五四～六〇），種類為波蘭種，當時稱此為蘭雞，因它是荷蘭商船運載來的。進而到了明治十年前後，外國人進口了黑色米諾克雞和白臉黑西班牙雞兩種。當時將前者稱為『耳白』，後者稱為『臉白』。明治十八、九年前後，養雞熱潮逐漸興盛，陸續進口婆羅門雞、九斤雞、漢堡雞、力康雞等，後來到了二十一年，日本家禽協會成立，當時幾乎所有外國育種的所有雞種都進口國內。」

由此可知，日本從歐美各國進口了許多雞種。

養雞戶數與生產量的增加

雞的飼養戶數也增加了。根據《農林省累年統計表》（昭和七年）：

「雞隻調查結於明治三十九年，當時飼養戶數為二、七百三十、一百八十一戶，未達十隻之飼養戶數為二、四百六十九、三百二十戶（占百分之九〇・四）達十隻以上，不滿五十隻之飼養戶數為二百五十三、五百六十三（占百分之九・三），五十隻以上有七、二百九十八戶（占百分之〇・三），四十一年時已增加三十萬戶餘，達三百萬戶餘。」

絕大多數都是小規模經營，但是十隻以上的飼養戶數還是占有一成左右。隨著養雞戶數增加，雞蛋的生產量也增大。

「產蛋數隨成雞增加，年年都有顯著成長，三十九年為五億九千三百萬個，

近期達到二、五億二千八百萬個，成長率為四倍以上。」（《農林省累年統計表》昭和七年）

明治三十九年時有五億九千三百萬顆，若除以當時的人口，每年每人消費的雞蛋為一二·三顆。除此之外，從清國（中國）也進口雞蛋，明治十九年二月十二日的《郵便報知新聞》報導，清國「輸入日本達廿萬個以上」，進口量年年增加，大正元年達到六、七百八十五萬四千顆（《東京朝日新聞》大正十二年八月二十五日號），占國內生產量的百分之八·三。

解除親子階級差異

在江戶時代士農工商的階級社會中，歧視意識甚至擴及食材，雞與雞蛋身分不同，在料理中相遇的機會幾近於零，進入明治維新之後，狀況也有了改觀。

江戶時代，擁有姓和持刀是武士階級的特權，稱之為「苗字帶刀」，一般庶民只限特例才能擁有姓氏，直到明治三年九月，所有家族都可以擁有姓氏，明治九年三月發布廢刀令，禁止士族（政府給舊武士階級者的身分稱呼）帶刀。

在提倡四民平等（同權）的氛圍中，舊日的武士也必須從商營生，其中有人也經營養雞業。依據《日本養雞史》（昭和十九年）記載：

「明治維新以後（略）政府雖不像其他產業鼓勵民眾養雞，但是放貸創業資金給不勞而獲的武士階級，以助其營生時，於諸事業中也有不少人從事養雞事業。」

也就是說有相當多武士參與養雞業。

經過明治時代，養雞業在時代的變化中逐漸發達，雞肉與雞蛋的生產量顯著提高，區別食材階級的觀念淡薄，也解除了親子身分差異，終於建立起親子丼誕生的苗床。

五　親子丼的誕生

親子丼的出現

關於親子丼的誕生，山本嘉次郎於〈親子丼考〉中敘述：

「我的父親是親子丼的發明人，小時候，一家人圍在餐桌旁聊天時，父親順口說道：『親子丼這道菜是我想出來的。』（略）有段期間，父親與股東、貿易商等老友創立了料理研究會，到處尋訪美食。在這個會裡，他思索起什麼既美味又富營養的食物，在忙碌的時候可以站著吃，最後想到的便是親子丼。這創意究竟是父親自己想出來的？大家一起腦力激盪的結果？還是讓某位廚師費盡心思做出來，他並沒有說清楚。不過富營養這句話的確很有明治風格，按推測應是在明治二十五年前後。」（《洋食考》昭和四十五年）。

不過，有家雞肉料理店在明治二十四年時想出親子丼這道菜譜，自稱是「親子丼創始」。

這兩個說說法都沒有留下當時的資料，所以事實如何，不得而知，不過，其實這個時期市面上已經有人在賣親子丼了。明治十七年九月六日，神戶元町有一家鰻魚店「江戶幸」在《大阪朝日新聞》上刊登了新聞廣告，從它的營業項目中可見「親子上丼，貳拾錢」、「親子一般丼，拾貳錢五厘」、「親子中丼，拾五錢」（《聞藏II視像》，圖46）。

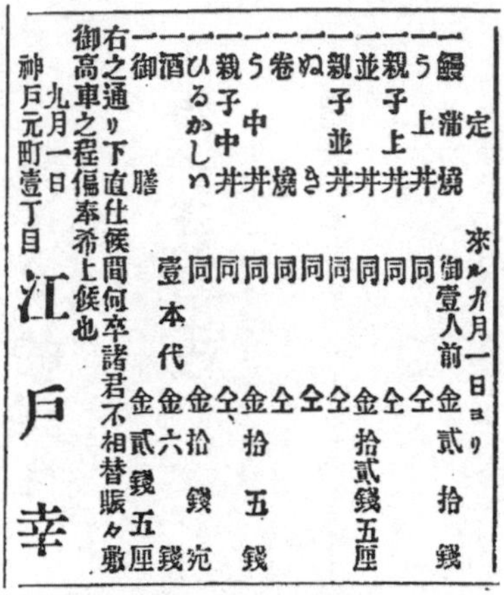
定
來ル九月一日ヨリ
一鰻蒲燒 御壹人前 金貳拾錢
一う上丼 同 仝
一親子上丼 同 仝
一並丼 同 金拾貳錢五厘
一親子並丼 同 仝
一ぬき 同 仝
一巻燒 同 仝
一う中丼 同 金拾五錢
一親子中丼 同 仝、
一ひるかしい 同 金拾錢宛
一酒 壹本代 金六錢
一御膳 金貳錢五厘
右之通り下直仕候間何卒諸君不相替賑々敷
御高車之程偏奉希上候也
九月一日
神戶元町壹丁目
江戶幸

圖46 能找到親子丼名稱的最古老史料（《大阪朝日新聞》明治17年9月6日）

這算是親子丼首次亮相，不過從下列的記述，也可知東京很早的例子。

慶應四年出生的鶯亭金升（昭和二十九年歿）是一位從明治到昭和時代，活躍半世紀的新聞記者，他回顧「明治二十四年前後，住在下谷不忍池畔」的過去時，是這麼說的（《明治的面影》昭和二十八年）：

「我家廚房對面住著車夫一家，車夫太太與內人很投緣，內人不時塞點零錢請她幫忙汲水、洗衣服，所以車夫太太甚是心喜，派女兒過來做家務，相當於通勤女傭。（略）

連天梅雨的某天傍晚，那太太垂頭喪氣地走進來說：『夫人，不好意思，我頭家還沒回來，孩子肚子餓，能不能商借二十錢。』原來是來借錢的。內人拿出五十錢，她大喜過望，恭敬地說：『真的不好意思。有了這筆錢，今天不用吃今川燒（譯註：類似車輪餅的紅豆沙餡餅），可以吃蕎麥麵了。』說完，眉開眼笑地回去了。

第二天，她拿五十錢來還時，內人說：『不用了，還要麻煩妳洗衣、上漿呢。』把錢還給了她，她一面閒聊著『今天生意好吧』朝她家瞧了幾眼，只見夫妻與兩個孩子叫了四碗丼飯，和樂融融地吃著飯呢！內人本以為是天丼或是親子，沒想到卻是上等的鰻魚丼。

那天晚上，她女兒來時，內人說：『今天中午吃了大餐哦。』她答道：『是呀，父親從車坂載了客人到吉原，又有客人從那兒叫車到淺草。昨天接二連三的接到好生意，直到深夜回家，帶了好多錢回來。母親十分歡喜。』

這是金升二十四歲時發生的事。」

據金升的自傳《成長記》所載，金升在明治二十二年二月十一日結婚，在根岸（台東區）添置新居，但這一年九月八日搬到下谷池之端茅町，居住到第二年的十月二十六日（《鶯亭金升日記》昭和三十六年）。如果是那時發生的事，那就不是「明治二十四年」，而是明治二十二、三年時的事。

《明治的面影》是作者晚年的回憶錄，因此也許記憶有出入，不過新婚燕爾時的記憶歷歷鮮明，因而記下了已經出現的鰻魚丼、天丼以及親子丼。

時代再晚一點，大正十一年，三越食堂已有販賣「鰻魚飯，金一日圓」「親子飯，金五十錢」（《不會上當的東京指南》大正十一年），天丼在「都心

『普通』一碗的價格」是四十錢（《價格的〔明治．大正．昭和〕風俗史》昭和五十六年）。親子丼和天丼只要鰻魚飯的一半價錢就吃得到。車夫家庭貧困，前一天才為了二十幾錢來借錢，就算跑車賺了一大筆錢，作者預料最多也只能吃個親子或天丼吧，但卻意外的發現他們吃「上等的鰻魚丼」。

明治二十二、三年前後，親子丼已經是民眾普遍熟悉的，甚至會叫外賣的食物，在尾崎富五郎編的《商業取組評》（明治十二年）中收錄了〈軍雞舍〉（鬥雞店）的一覽表（圖47），為五十九家軍雞店排名。而金升所住的池之端茅町附近，下谷三橋列出一家軍雞店的名字，湯島列出了四家。如後面所述，雞肉料理店似乎很早就開始賣親子丼了，所以車夫一家很可能是向這些店中的某一家叫了外賣。

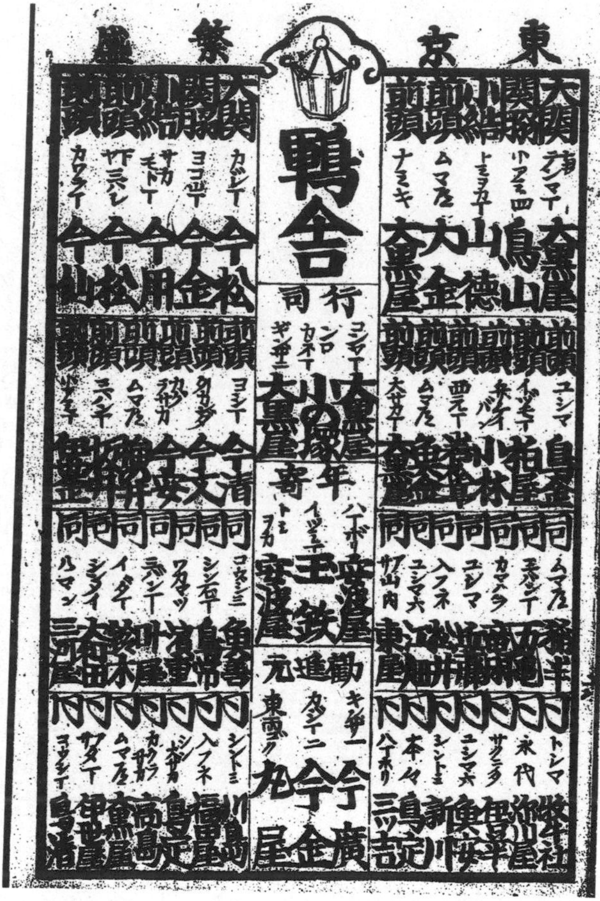

圖47 軍雞店一覽表。東（右側）可看到「湯島」有四家（全都在前頭），西（左側）「下谷三橋」有一家（在前頭最前面）軍雞店的名字。《商業取組評》（明治12年）

食譜上親子丼的作法

食譜裡也看得到親子丼的名字。在《簡易料理》（明治二十八年）這本食譜中，記載了〈雞飯及親子丼〉的作法，說明如下（圖48）：

「雞飯的作法，將雞肉如常切塊，先用滾水煮熟立刻取出，用其水煮飯，混入蔥、胡蘿蔔後食子，親子丼的雞肉如前述烹調，在熱飯上蒸熟雞蛋，將雞肉與雞蛋攪拌，因而有親子丼之稱。」

作法寫得草率，很多地方含糊不清。不過，似乎是將雞肉切成小塊，用水煮熟，煮好的白飯盛在丼碗裡，在飯上蒸蛋（有加蓋吧），然後加入雞肉，與雞蛋攪拌而成的料理。調味料也不明，不過從該書前面的「肉飯」作法類推，可能是將醬油和味醂煮成醬汁，自飯上澆淋後食用吧！

雖然與今日的親子丼有異，但是在多年從未相逢的親母子聚集製作的「親子

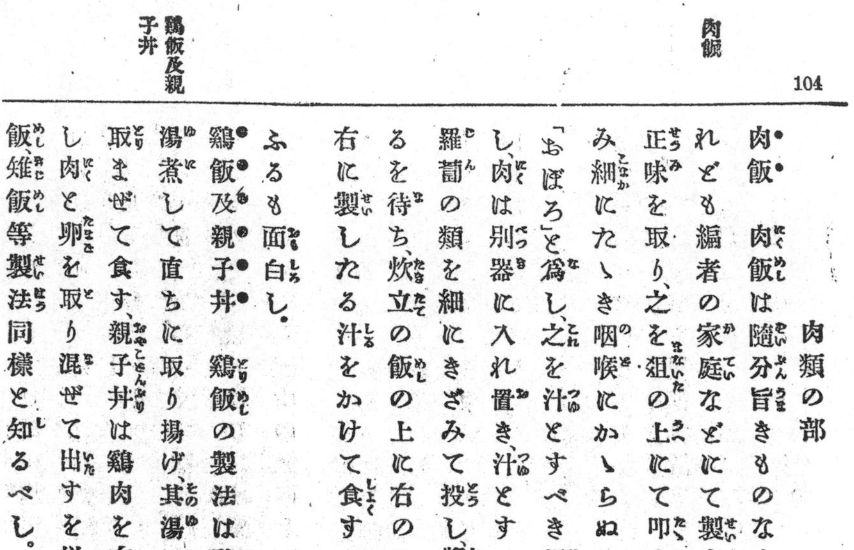
104

肉飯

鷄飯及親子丼

肉類の部

●肉飯● 肉飯は隨分旨きものなり、其製法いろ〳〵あるべけれども編者の家庭などにて製するものは、牛肉又は鷄肉の正味を取り、之を俎の上にて叩きのばし（小鳥ならば骨ぐるみ細にたゝき咽喉にかゝらぬやうにすべし）精細に刻みて「おぼろ」と爲し、之を汁とすべき湯に入れ、暫時にして取り出し、肉は別器に入れ置き、汁とすべき肉湯の中には葱、大根、胡羅蔔の類を細にきざみて投し、醬油、味淋を加へ、煮え立ちたるを待ち、炊立の飯の上に右のおぼろ肉をかけ、又其上より右に製したる汁をかけて食すべし、又好みにより香味を加ふるも面白し。

●鷄飯及親子丼● 鷄飯の製法は鷄肉を常の如く切り取り、一旦湯煮して直ちに取り揚げ、其湯にて飯を炊き、葱、胡羅蔔等を取まぜて食す、親子丼は鷄肉を右の如くし熱飯に鷄卵を蒸し肉と卵を取り混ぜて出すを以て親子丼の名あり、其他鴨飯、雉飯等製法同樣と知るべし。

圖48 刊載「肉飯」與「雞飯及親子丼」作法的食譜書。《簡易料理》（明治28年）

丼」來說，這個作法算是很早的範例。明治維新這個新時代的浪潮，打破了長年隔在雞親子之間的高牆。

沒多久，現在熟悉的親子丼也出現了，後面會再提到，正岡子規在明治三十四年吃過與現在相同作法的親子丼，明治三十八年出版的《新式伊呂波順簡明辭典》中說明「親子丼（名）為料理名，在丼碗盛入熱米飯，雞肉淋上蛋汁煮熟後，添在飯上的飯食。」繼而大正十二年出版的《飯百珍料理》，其中的〈親子丼飯烹調法〉標示的方法是，在煮沸的味醂和醬油中煮熟雞肉，加入鴨兒芹葉，打個蛋花，然後添在盛好熱米飯的丼碗上，最後撒一點用火烤過揉成粉末的淺草海苔，即可上桌。

親子丼外賣

到了明治三零年代，叫外賣的親子丼來食用已是家常便飯，《天下的記者》（明治三十九年）記述山田一郎的記者生涯，書中提到一則小故事，當這位記者下榻東京車站附近的「鍛冶橋外的中央旅館」時，「雖然在旅館付了一般的住宿費，但卻不吃旅館的供餐，每天晚上都吃兩三碗鰻魚丼或親子丼。」這段經歷發生在明治三十年七月前後，附近應該有外賣親子丼的店家。

家庭主婦隨手撰寫的日記簿（明治三十一年六月到三十二年七月間）記錄了每天的生活點滴，其中寫到嬸嬸一家來訪時，午飯叫了親子丼外賣：「午，一同吃親子丼」（明治三十二年七月十二日，《明治的東京生活》）。親子丼飯早已簡稱為「親子丼」了。

正岡子規儘管遭受不治之症結核性脊椎炎纏身，但他仍勉力寫作，直到過世前撰寫的《仰臥漫錄》中，明治三十四年十月一日記載「晚，親子丼（飯上淋了雞肉、蛋和海苔）、燒茄子、奈良漬、梨一、蘋果一，九時入睡」，子規這天的晚飯吃了蛋花煮雞肉，並且撒了海苔的親子丼，親子丼應該是外賣吧！

子規落筆撰寫《仰臥漫錄》是在明治三十四年，「據說左右肺都已大半空洞，從醫師的眼光，他的生存本身就是個奇蹟。」（岩波文庫《仰臥漫錄》阿部昭的解說），即使身患重病，子規還是品嘗了親子丼，留下寶貴的紀錄。第二年明治三十五年九月十九日，子規走完了三十五歲短促的一生。

車站親子丼便當

親子丼也在車站便當中嶄露頭角，明治三十二年十月二十八日到三十一日，饗庭篁村與右田寅彥二人相偕前往日光觀光，四天三夜的行程，在半途的小山站看到有人在賣親子丼。賣親子丼相當不尋常，便當內容雖然相當豐富，但是「日鐵鐵路經歷箒川災變的慘事，親子丼三個字近乎禁語。」兩人不敢買，眼巴巴看著車站過去。歸途路經小山站又看到親子丼。「每到火車到站時出來賣的話，雞蛋冷了恐怕味道不好，我們自個兒如此瞎操心，但是從車站往月臺看去，那兒有個丼飯廚房，正升起熊熊爐火在熱飯呢！哎，既然如此那可敢情好，不如買一個吧，說時遲那時快，火車已經開動了，結果什麼便當都沒買到。」只能空聞其香就這麼過了站。（《旅硯》〈紅葉狩〉明治三十四年）

明治三十二年，小山站月臺設了廚房，升著旺火暖鍋，賣起親子丼。

至於箒川災變，指的是明治三十二年十月七日，暴風雨侵襲栃木縣那須郡，日本鐵道線（東北本線）的列車在箒川鐵橋翻覆，客車在豪雨中翻落到水位高漲的箒川中，造成十九人死亡的慘劇。箒川鐵橋位於小山站的北方，篁村與寅彥經日本鐵道線去日光旅行時，災變才剛發生不久，「親子丼在日鐵鐵道線相當於禁語」所以兩人不敢買，可能是「親子丼」與「親子噗通落水」有諧音的關係吧！

既有外賣，又有車站便當，親子丼名氣大增，《月刊食道樂》（明治三十八年十一月號）有云：「天丼、鰻魚丼、親子丼無人不知。」親子丼已和前輩鰻魚丼、天丼並駕齊驅了。

那麼，親子丼通常在什麼店裡販售呢？

六　親子丼的普及

雞肉料理店裡賣親子丼

明治八年出版的〈東京牛肉軍雞流行店〉列出了五十六家軍雞鍋店的名字（圖49）。看得出軍雞鍋生意興隆，這裡介紹的「大關：銀座二丁目，大黑屋」與「勸進元：京橋大根河岸，大黑屋」兩店，在同年八月十四日的《郵便報知新聞》中，以〈軍雞鍋店生意火紅〉為標題，報導：

「銀座二丁目的煉化石室（紅磚建築），開了新店名為大黑屋（軍雞店），原在京橋大根河岸赫赫有名，據說每天可賣出軍雞、家鴨一百餘隻。為了坐下吃鍋，客人推擠爆滿，幾無立錐之地，日夜人山人滿，混亂非常。」

文中說大黑屋本店在京橋附近的大根河岸，在銀座開分店，依然大受歡迎。

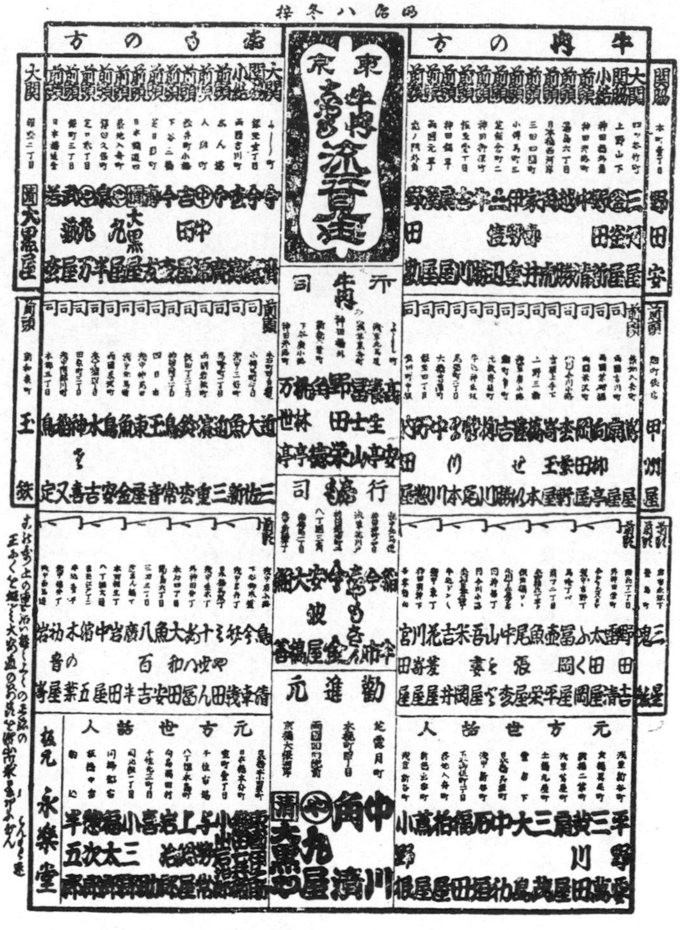

圖49 牛肉火鍋店與軍雞店一覽表。「軍雞店部分」的大關是「大黑屋」（上層左角），中央的發起人有「大黑屋」三字。〈東京牛肉軍雞流行見世〉（明治8年）

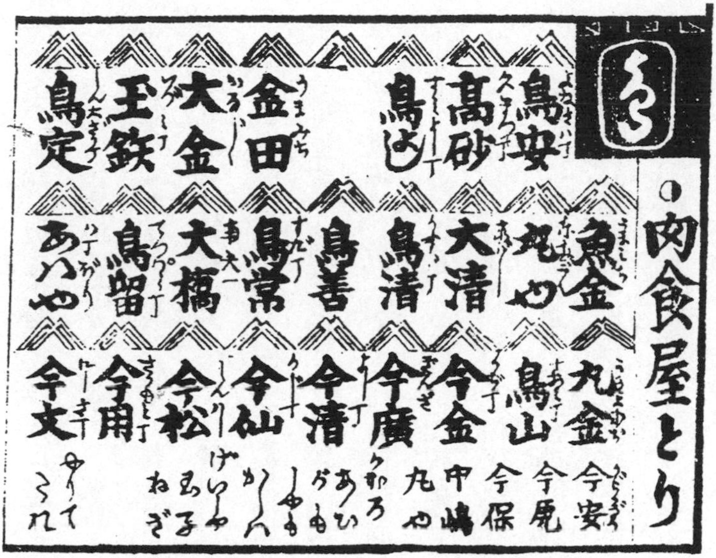

肉食屋とり

鳥安 高砂 鳥よし 金田 大金 玉鉄 鳥定

魚金 丸や 大清 鳥清 鳥善 鳥常 大橋 鳥留 あいや

丸金 鳥山 今金 今廣 今清 今仙 今松 今用 今文

今安 今保 中嶋 丸や

圖50 禽鳥料理店的排行榜。店名下可見「混種鴨、軍機、黃雞、雞蛋、蔥。」《東京流行細見記》（明治18年）

如同「大黑屋」除了軍雞也賣鴨肉，軍雞店會賣雞肉之外的禽鳥肉，所以稱呼叫它鳥店、鳥料理店。在《東京流行細見記》的〈肉食店鳥〉（明治十八年）中列出了鳥安等三十家鳥料理店的排行榜。店名下有「禿、混種鴨、軍雞、黃雞、藝妓、雞蛋、蔥、老鴇、醬汁。」（圖50〔譯註：禿是指妓院裡的見習少女，由於《細見》是花街的指南，因此會記載遊女等的名字」）這些店似乎供應混種鴨、軍雞、黃雞等肉與蔥一起用醬汁煮的禽肉火鍋，但是也有放蛋，所以應該也吃得到滑蛋禽肉鍋。

這種滑蛋禽肉鍋若是放在飯上，就成了親子丼。鳥料理店可能很早就推出親子丼了吧。《明治的面影》提到的親子丼，應該是向鳥料理店叫的外賣，這裡看得到店名的「東兩國，丸屋」，招牌菜就是親子丼。

「丸屋」是兩國回向院前的軍雞鍋店，第一代老闆性情急躁，總是理個光頭，所以靠著「光頭軍雞」打響招牌。長谷川時雨的《舊聞日本橋》（昭和十年）中，收藏了父親長谷川深造描繪幕末到明治維新期間江戶的風貌，其中便畫了光頭軍雞。「生意十分昌隆，如相撲大賽時，幾乎一寸空間都無」（圖51）。此時，兩國的回向院內會舉行大相撲競賽。

看準相撲觀眾的光頭軍雞，在相撲大賽期間也外送親子丼。《太平洋》雜誌（明治三十九年二月一日號），以「東京第一軍雞店（回向院前的光頭軍雞）」為題介紹光頭軍雞，提到這家店「不論颳風下雨，只要相撲比賽的日子，親子丼沒有少於五百以下的。」又接著說：

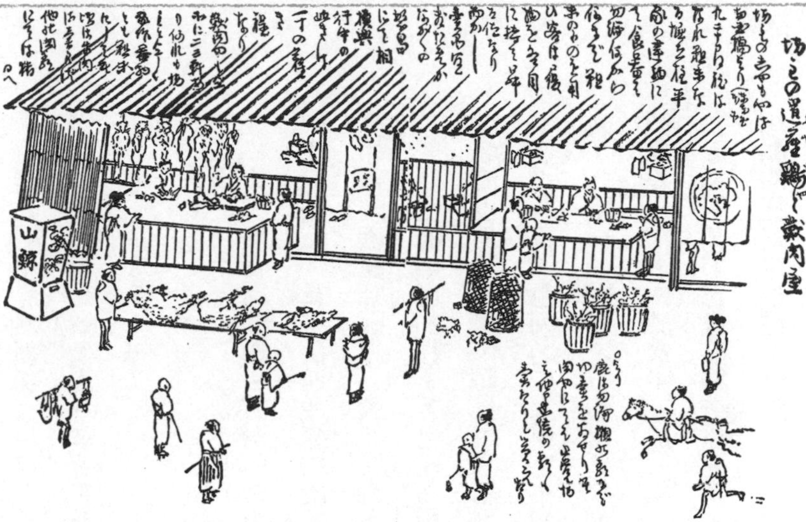

圖51　「光頭的軍雞店與獸肉店」。右側是光頭軍雞，店前面放著鳥籠；左側是獸肉店，屋簷掛著獸肉，招牌寫著「山鯨」《舊聞日本橋》。（圖取自昭和58年的岩波文庫版）

「（雞肉的）櫻煮與親子丼在相撲場內販賣，看準了客人用午飯，所以十一點到正午前後烹煮。其廚房的景象令人目瞪口呆。大木盆裡擺了成堆煎好的雞蛋，一旁有人在丼裡盛飯，管鍋的廚師在大鍋裡煮雞肉，忙得不可開交。但是年年如此早已習慣的關係，只花了一個多小時，就做出五百份丼和更多的櫻煮。不過這種工作分秒必爭，平常一份至多一個蛋，但是相撲賽間得用鐵杓舀來煎，所以，盛多盛少恐怕與運氣好壞有點關係。同時，這道親子丼，是相撲場中最有名的招牌，連名流顯貴也愛吃。筆者屢屢看見如德川侯爵之流，不論何時都曾在貴賓席中抱著親子丼用餐。」

大相撲賽期間的午飯可以賣出五百碗親子丼，廚房為了準備這麼大的量，忙得不可開交，為了快速便捷的出餐，理出了一套步驟，將預先煎好的雞蛋和大鍋煮的雞肉盛在丼飯上，製作成親子丼。

從報導中可知親子丼已成為相撲賽場的招牌美食，同時像德川侯爵之類的紳士名流也都點來吃，而且這家店平時也賣親子丼。

光頭軍雞也列名於〈東京牛肉軍雞流行店〉中，是為「主辦人，兩國回向院前，丸屋」（圖49，一八八頁），現在仍在同一地點營業（現在的店名改成「光頭軍雞」）。由於文中寫道「年年如此，早已習慣」，所以店裡應該很早以前就在賣親子丼了，遺憾的是經過兩次災難（關東大地震和第二次世界大戰）所以，相關的紀錄全都付之一炬，無法證實。只不過此店在戰前使用的收據還保留著，上面印著「軍雞，料理，親子丼」等營業品項，和「市內外送迅速」（圖52）。舊東京府（現東京都）成立後，府內於明治二十二年到昭和十八年設置東京市，既然稱為「市內」，那應該是東京市時代就在做親子丼外賣了。據現在老闆娘的說法，親子丼的外賣一直做到昭和三十九年前後。

其他地方也出現了以親子丼為招牌的店，《月刊食道樂》（明治四十年一月號）介紹了三家鳥料理店，其中一家牛込餚町的「川鐵」，文中說明此店最有名的菜是「什錦火鍋」，但評論道：「親子丼亦是本店名菜，說起親子丼，不論哪家店都是裝在丼碗裡，因而有此名稱，但是此店裝在套盒裡，這麼看來，川鐵的

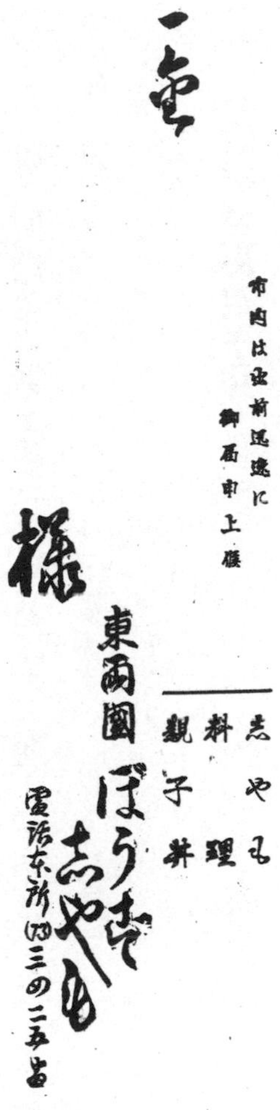

圖52 光頭軍雞的收據

親子丼，應該叫做親子盒較為適宜。」明治末期，親子丼已相當普及，還出現了這種親子重。

西餐廳也賣親子丼

親子丼成為「川鐵」招牌之時，西餐廳也開始推出親子丼了。作家菊池寬在〈半自敘傳〉中「想寫一點關於上京時的事」，回想：

「我赴東京時，以前在東京待過的表姊告訴我，到了東京，一定要去吃吃親子丼這道菜，因為它很好吃。我到東京不久，便在湯島切通的岩崎府斜對面的小西餐廳，品嘗到放了洋蔥的親子丼。真的十分可口，表姊所言非虛。後來每當有錢和機會，我一定到同一家店去吃親子丼。」（《文藝春秋》昭和三年八月號）

明治二十一年，菊池寬生於四國高松藩的藩儒（譯註：侍奉藩主的儒學家），在那兒度過少年時代的他，親子丼完全是陌生的食物。明治四十一年，他赴東京進入東京高等師範學校就讀，在西餐廳初嘗親子丼，好滋味讓他為之著迷，後來只要有機會就會上門品嘗。菊池寬在另一篇文章裡介紹這家店是「單品料理的西餐店」當時流行的高級西餐廳也將親子丼放進菜單中，並且使用了洋蔥（圖53）。

洋蔥是歷史最悠久的蔬菜之一，原產地不詳，但大約是中亞地方，很快的傳進古埃及，後來在地中海地區發展，散布到歐洲各地。不過，雖然很早就從原產地傳進西方，但不知什麼緣故，一直沒有人帶到東方，直到明治初年才渡海來日，成為西洋蔬菜之一。後來產量快速擴大，《舶來穀菜要覽》（明治十九年）記載了遠自歐美舶來的「蔥頭」種類（圖54），明治三十三年出版的《農家寶典》中有：

「蔥頭（百合科）：西洋頗貴重之蔬菜，近來本邦需求日盛，於東京附近開始栽培，獲得莫大收益。」洋蔥的需求增加，所以連東京近郊都開始栽培了。當然也傾銷到青果市場。《東京風俗志》（明治三十四年）中提到：

「洋蔥、馬鈴薯等近來漸漸擺上青果市場。」

圖53 單品西餐的攤子。門簾上有「一品料理，輕便洋食」，招牌寫著「立食洋食」。《太平洋》（明治36年12月10日號）

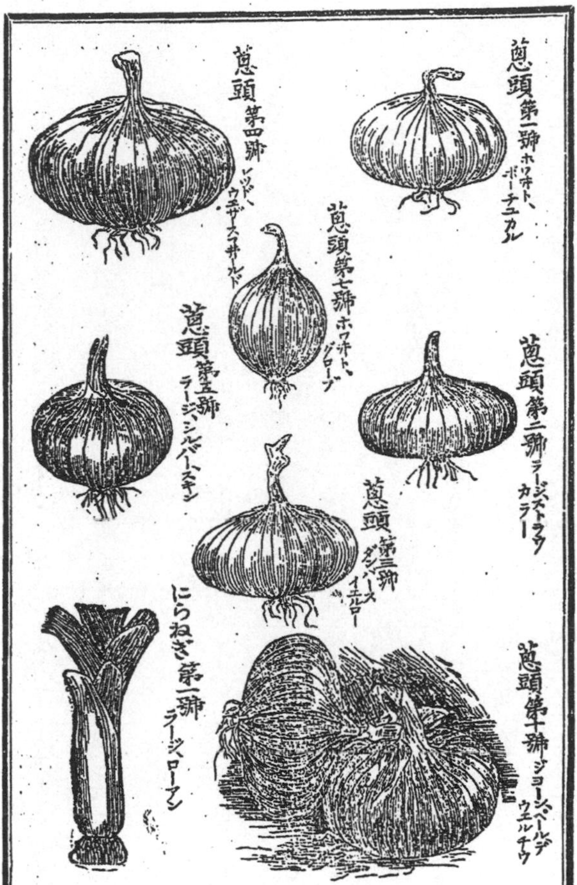

圖54 進口洋蔥的種類。歐美將十二種洋蔥傳入日本。這裡畫的是其中七種。《舶來穀菜要覽》（明治19年）

洋蔥在日本成為老少咸宜的食材，西餐廳便在親子丼裡用上洋蔥。親子丼裡加洋蔥，也許是習於使用西洋蔬菜的西餐廳想出來的點子。

蕎麥麵店賣親子丼

緊接著蕎麥麵店也把親子丼放進菜單裡，幕末時期的蕎麥麵店有賣雞肉做的「雞肉蔥花麵」和加了雞蛋的「滑蛋蕎麥麵」（《江戶見草》）因而，蕎麥麵店本就備有做親子丼用的雞肉和雞蛋等材料。不過，就如天丼那一章說過（一三六頁），蕎麥麵店是在大正時代以後才推出親子丼，最早在新宿武藏野館後方的船橋屋，與天丼一同面市。

大正三、四年，賣親子丼的店家日漸增加，關東大地震後不久，在東京街頭速描「鐵皮招牌大約六百有餘」的《新帝都看板考》（大正十二年十二月）畫了掛有「生蕎麥，天丼，親子丼，砂場」招牌的蕎麥麵店（大正十二年十月三十日的速寫，圖55〔譯註：砂場為大阪蕎麥麵老店，後來拓展到江戶〕），由此可見蕎麥麵店有賣親子丼。

蕎麥麵店的親子丼雖然出現得比禽鳥料理店、西餐廳晚，但是蕎麥麵店多，明治十年，東京府內有六百二十四家蕎麥麵店（《明治十年東京府統計表》明治

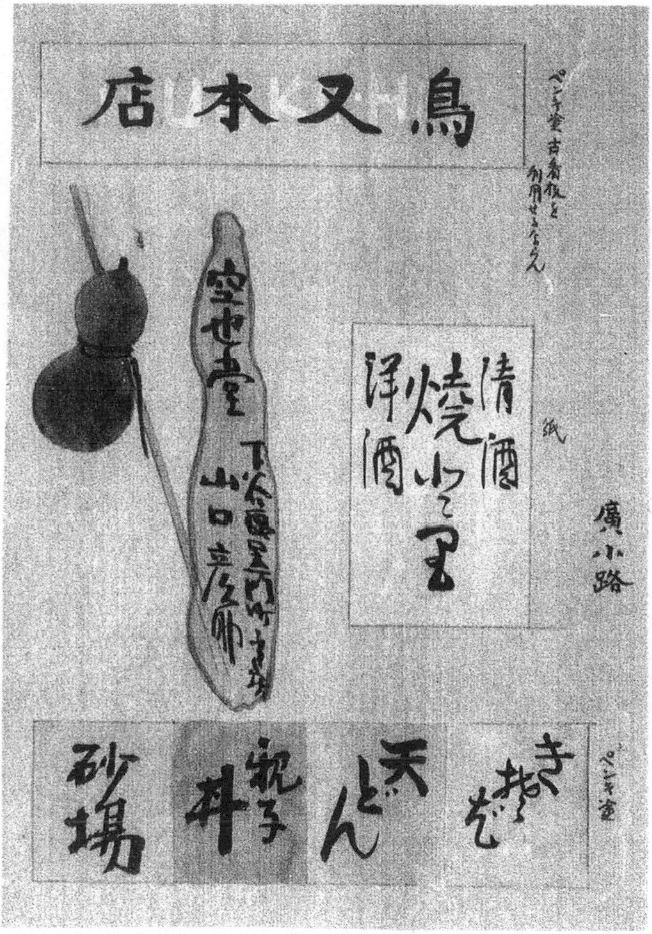

圖55 上野廣小路附近的蕎麥麵店招牌，看得到「親子丼」三個字。
《新帝都看板考》（大正12年12月）

十一年）開在東京街頭上。親子丼成為日常便飯，蕎麥麵店可以說功勞不小。

蕎麥麵店也賣鴨肉蔥花麵，所以，像新橋站附近的「能登治」就採用從江戶時代流傳的組合，以肉鴨和雞蛋做成親子丼供應。

百貨公司食堂賣親子丼

不久，親子丼也在百貨公司的食堂亮相，《東京名產走食記》（昭和四年）中記載了時事新報家庭部記者走訪美食的報導。記者們到形形色色的飲食小吃店採訪，有四名記者來到「銀座松屋食堂」，「S點了牛排附飯（八十錢），H點了親子丼附湯（五十錢），M點了起司通心粉附麵包（四十錢），久夫點了中國饅頭十五錢」，M代表四人就上桌的各份料理撰寫了飯後報告，對於H點的親子丼，他如此評論：

「親子丼的碗底硬梆梆，H一手抱住碗（太誇張了吧）慢慢地吃完。份量

圖56 銀座松屋食堂的用餐景象。《東京名產走食記》（昭和4年）

少，口味中等，附的湯差強人意，唯獨醋漬小菜好吃。」（圖56）。

百貨公司食堂的親子丼有附贈湯和小菜。

除了百貨公司的食堂外，大眾食堂也看得見親子丼出現，一瀨直行《她與垃圾箱》（昭和六年）中記載了淺草食堂的價格，從其中抽出幾項，則有：

〈「中國菜」〉　「拉麵十錢、肉絲炒麵二十錢、蝦仁炒麵、什錦炒麵二十五錢」

〈「西餐」〉　「咖哩飯八錢、牛肉燴飯十錢、蛋包飯十五錢、煎雞肉二十錢」

〈「日本料理」〉　「清湯十錢、茶碗蒸十五錢、壽司、散壽司二十錢、生拌鮑魚片二十五錢」
「天丼廿五錢、親子丼、開化丼三十錢」

親子丼和開化丼在這家店裡價格最高，是拉麵和咖哩飯的三倍，比什錦麵、握壽司、散壽司更貴。這個時期，親子丼還相當高價，但是在大眾食堂，還是能用比百貨公司近一半的價格吃到。至於開化丼，是指用牛肉或豬肉和洋蔥做的滑蛋飯。

這本書裡還記載了其他食堂的「價格表」，裡面可以看到「玉子丼廿錢」，這個時期，雞蛋丼也加入食堂的菜單了。

雖然兩千年前便開始養雞了，但是雞肉和雞蛋組合的親子丼卻經歷了漫漫長路才得以誕生。明治時代，社會有巨大的變化，造就了親子丼誕生的條件。親子丼在鳥料理店、西餐廳、蕎麥麵店、食堂等都有販賣，成為日本備受喜愛的美食，直到今天，許多店都以親子丼作為招牌餐點。

第四章

牛丼的誕生

一　不吃牛肉的日本人

禁止屠牛令

牛丼稱得上是現今的國民美食，但是過去日本人幾乎不吃牛肉。

牛是在五、六世紀進口到日本，但百姓飼養牛主要是用於農耕，其中似乎也有人吃牛肉，不過如同前一章提到，天武天皇在天武四年（六七五）禁止國人吃牛肉（一四二頁），進而又在養老二年（七一八）在制定刑法中禁止屠殺牛馬，規定（《律》昭和四十九年）：

「凡故（故意）屠殺官私之馬牛者，徒一年」（〈廄庫律〉）

殺害政府或民間飼養的牛馬，將處以「徒一年」之刑。「徒」即為徒刑之意，相當於今天日本的懲役刑，刑期最輕一年，最重三年。故意殺牛的話處一

年的徒刑，但盜取他人牛馬殺害的話，刑期會加重，按規定「凡盜取官私馬牛殺之，徒二年半。」（〈盜賊律〉）

聖武天皇於天平十二年（七四一）二月七日又追加了規定，下詔：

「馬牛代人，勤勞養人。因茲先有明制，不許屠殺。今聞國郡未能禁止。百姓猶有屠殺。宜其有犯者，不問蔭贖。先決杖一百。然後科罪。」（《續日本紀》，延曆十六年，七九七）

牛馬代替人辛勤工作，養育人民，所以禁止屠殺牛馬，然而今日仍舊聽聞有人屠殺，有鑒於此，今後若有人屠殺的話，不問身分高低（一視同仁），先「杖一百」（杖刑，以刑杖打一百下），然後再科以罪責。文中沒有載明杖刑之後還要擔多少罪責，但是養老律規定屠殺牛馬的話「徒一年」或是「徒二年半」。所以大概是處以這樣的刑罰吧！殺了牛先用刑杖在臀部打一百下，然後關進牢房一年到兩年半。

天主教徒與吃牛肉

在天皇的命令和法律規定下，日本人不吃牛肉的時代維持了很久，十六世紀後期，歐洲人渡海來日，受到他們的影響，日本人開始吃牛肉。如同前述，弗洛伊斯說，日本人開始吃「以前日本人非常厭惡的雞蛋和煮牛肉」，「連太閤大人（秀吉）都非常喜歡這類食物」（一五二頁）。松永貞德也提到：「吉利支丹（天主教徒）進入日本時，京眾稱牛肉Waka，盛讚不已」表現出京都人熱愛牛肉的景象（《名草見草》慶安五年，一六五二）。「Waka」一詞源自於葡萄牙語的Vaca（牛肉）。

但是，這樣的好景並不長，弗洛伊斯口中愛吃牛肉的秀吉，在天正十五年（一五八七）六月十八日下令限制天主教徒的傳教和信仰外，並且禁止買賣牛馬，或屠殺食用：「買賣牛馬，殺而食之，此乃違法之事也。」第二天，他下令全面禁止天主教徒傳教，要求傳教士在二十天內離開日本。所以，秀吉應該是制定了禁止天主教的方針，同時也禁止受天主教徒影響而普及的吃牛肉行為。

江戶幕府的屠牛禁止令

江戶幕府也繼承了禁食牛肉的方針。第二代將軍秀忠，於慶長十七年（一六一二）八月六日發出了禁止一年期傭工、天主教信仰、隱匿傷人者，菸草的吸食買賣，以及屠牛等五項禁令，而其中有關屠牛的部分為：

「一：殺牛之事為禁制也，自然殺者不得販賣。」（《御當家令條》卷二十九）

不可以殺牛，企圖殺牛者不可販賣，也就是說禁止吃牛肉。而且，這道禁令與禁止天主教同時下達，吃牛肉就有被視為天主教徒之虞，但這並非危言聳聽，實際上的確發生了這種事件。

寬永十七年（一六四〇），江戶的四谷宿附近住了九名百姓，這一年由於朝廷的官員們要在這裡蓋寓所，所以將他們驅趕離開。但是卻在他們居住的舊址中發現了牛角等殘跡，顯示他們吃過牛肉，因而這些百姓被懷疑是地下天主教徒。多方調查的結果，發現果真為事實。九人因而遭到極刑，被懸掛在獄門上（《玉滴隱見》出版年不詳）。

從吃牛肉這條線索，暴露出地下天主教徒的事實，最後處以極刑，所以當時的人一定都嚇得不敢吃牛肉了吧！

進而，五代將軍綱吉著名的生靈憐憫令更是乘勝追擊，貞享四年（一六八七）正月二十八日，下達「捨牛馬禁止令」，不准丟棄患有重病的牛馬等生靈，寶永二年（一七〇五）五月二十九日又發布「牛馬愛護令」，稱「應畜愛牲畜，牛馬不應背負重荷或大件貨物，使喚時也應盡量解開、使其不至疲羸。」

二 江戶時代吃牛肉

吃牛肉與天主教徒的連結日益淡薄

正如橘川房常的《料理集》（享保十三年，一七二八年）中寫道：「食牛肉穢身一百五十日」，將吃牛肉視為不潔的思想已成為固有觀念，但到了江戶時代中期，開始有了變化。

江戶幕府到了寬永年間（一六二四～四四），對天主教徒的鎮壓更加激烈，寬永十五年再度發布天主教禁令，向朝廷密報信徒可獲賞銀（《御當家令條》卷十八）。翌十六年，禁止葡萄牙船入港，十八年，將荷蘭商館從平戶遷到長崎，所有的外國船貿易全部集中在長崎，讓鎖國政策得以完整（圖57）。

幕府利用這一連串的政策，切斷國外的天主教流入，進而施行寺請制度，徹底改變天主教徒。寺請制度是國民有義務成為某一間寺廟的信徒，證明自己不是天主教徒的制度，寬文十一年（一六七一）起，每年信徒所屬的寺院都會製作

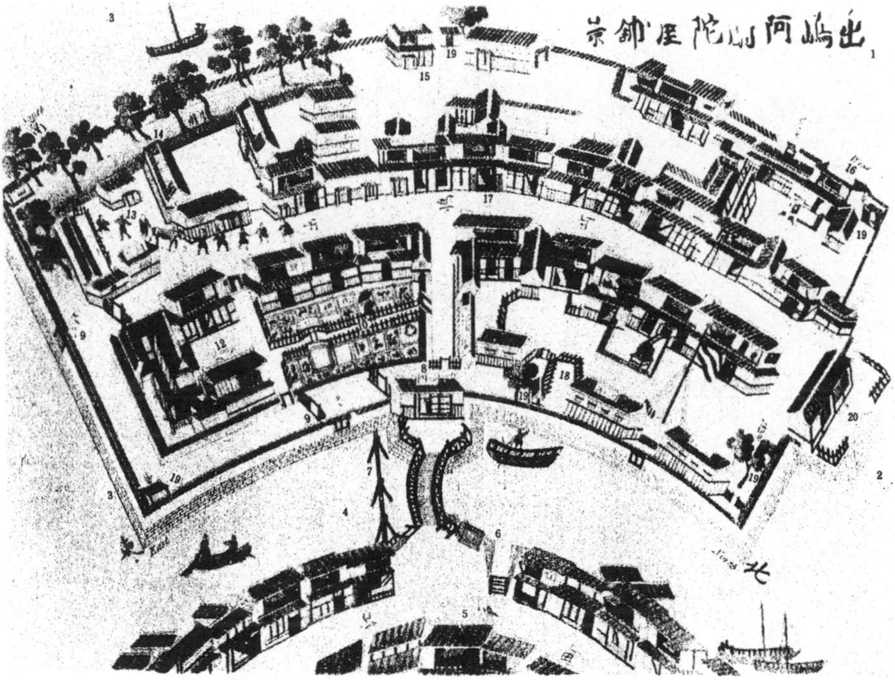

圖57 長崎出島的荷蘭商館圖。《蒂進日本風俗圖誌》（文政5年）

「宗門人別改帳」，證明信徒的身分，這本帳冊的功能相當於戶口名簿，全國國民在制度上都被歸入佛教徒。

幕府的這項政策清除了社會中臺面上的天主教徒，天主教徒與吃牛肉之間的關係不再有現實感，寶永六年（一七〇九年）正月，綱吉薨逝，生靈憐憫令也遭到廢止。

此後，愛護牛的精神逐漸淡化，村里間開始殺牛，老中本多忠良於元文三年（一七三八）四月，向御料（幕府的直轄地）太守和私人領主下達指示：

「據聞備前、備中、近江國之內買下老牛殺之，號稱落牛者眾。唯恐日後亂象叢生，為掃除此等情事，去子年曾以書付責成御料之御代官、私領之領主詳加調查，村莊因而停止殺牛。然而右三國並石見、備後、美濃國內，近期又傳聞有村莊殺牛一節，無法無天之極。應時時留意，不得鬆懈。若有右述事態者，應審慎調查之。通傳御料、私領如右。」（《德川禁令考》前集第五）

由於備前、備中、近江地方盛行殺牛，所以昨子年（指享保十七年〔一七三二〕）書面下令禁止，有些村因而停止殺牛。然而近期除右述三國之外，亦有其他地方的村莊有殺牛之情事，行為罔顧王法，所以命令地方官與領主應該經常監視，若有人犯法，就該仔細調查。

彥根藩吃牛肉

人們之所以殺牛，是因為武器和馬具等需要牛皮的地方很多，剝下牛皮之後順便把牛肉吃了。前述通令中「殺牛者眾」指的是在近江國擁有領地的彥根藩。元祿年間，彥根的味噌牛肉漬頗受好評，赤穗浪士大石內藏助餽贈「養老品」給同志堀部彌兵衛長老時，留下的書信中寫道「彥根之產，黃牛味噌漬。」（《彥根市史》〈彥根牛肉〉昭和三十七年）

而且，根據該書的說法，在彥根地方從元祿年間就開始吃牛肉，文中提到「綱吉下令憐憫生靈時，屠牛一時絕跡於市，但是寶永六年（一七〇九）正月，該令廢除後又再度復活。在《井伊家御用留》（井伊家文書）安永之後的紀錄，登載了贈送彥根牛肉給多位諸侯的事例。」並按照年代列出贈答對象的一覽表。

檢視一覽表可知，從安永十年（一七八一）到嘉永元年（一八四八）上至將軍家，下至老中、諸侯，彥根藩主井伊家都會按著他們的期望，贈送味噌漬牛肉、牛肉乾、酒粕漬牛肉、酒煎牛肉等牛肉製品作為藥用或歲寒慰問。尤其是依將軍家指名獻上牛肉時，井伊家會派出兩名特使，一名走東海道，另一名從中山道東上，這是顧及一人遇到阻礙時，另一人也能及早到達府城。

江戶市民也開始吃牛肉

既然將軍和諸侯們都吃牛肉，江戶市民吃起牛肉也不足為奇，實際上也確實有人吃牛肉。江戶後期的漢學家松崎慊堂在《慊堂日曆》（文政六年四月十四日～天保十五年三月十九日）記錄了吃牛肉之事。

（一）「鹿肉、牛肉。託石川勝」（文政七年八月二十九日）
（二）「於井齋府用飯，進鹽藏牛肉，猶記困滯」（文政九年二月七日）
（三）「林長公手書，賜博多酒、牛肉」（天保二年十二月二十七日）
（四）「渡邊華山託石窗贈牛肉」（天保八年正月十一日）

（一）提到門下學生石川勝助贈己牛肉，（二）拜訪西醫十束井齋，對方招待鹽藏牛肉，寫下消化不良的感想。（三）儒者亦是幕府儒官的門下學生林檉宇（林長公）贈牛肉。（四）說的是西洋學者兼畫家的渡邊華山龍海野予介（石窗，慊堂弟子）贈牛肉。

松崎慊堂在文政七年（一八二四）到天保八年（一八三七）之間，不時獲贈、享用了牛肉，可知到了這個時期，漢學家、西醫、西洋學者等之間已習於吃牛肉。那麼他們的牛肉又是從哪裡買的呢？

江戶的牛肉店

方外道人寫的《江戶名物詩》（天保七年，一八三六）介紹了賣牛肉的店，云：

「近江屋太牢饌，室町一丁目。銅網招牌近半店，反本巴艾太牢饌，黃牛肉製宜進酒，又是味噌與甘泉。」（圖58）。

近江屋太牢饌　室町一丁目
銅網招牌近半店反本巴艾太牢饌黃牛
肉製宜進酒又是味噌與甘泉

圖58 江戶的牛肉店。《江戶名物詩》（天保7年）

近江屋這家店在江戶的室町賣「太牢饌」，「太牢饌」用黃牛肉烹製，以「味噌和甘泉」燉煮，所以似乎是黃牛（顏色近麥芽糖的上等牛肉）做的味噌漬牛肉，適合作為下酒菜。這家店會不會就是近江彥根藩的直營店或是指定店呢。此外「反本巴艾」的意思，根據《彥根市史》〈彥根牛肉〉的記載：

「元祿年間，藩主井伊直澄的家臣花木傳右衛門在江戶執勤期間閱讀的《本草綱目》，用黃牛之良肉為主劑製造的藥用牛肉稱為『反本丸』。」

所以應該是藥用牛肉吧！

明治十八年出版的《日本食志》中有：「近世習於泰西之俗，再創食牛之風，距今四十年前，屠於江州高宮之肉以味噌漬之，江戶彥根藩邸公然售下，於對馬藩邸亦同販賣牛肉乃為源起。」

文中提到近年受到西洋文化的影響，民眾開始吃牛肉，這種風俗源自於四十年前彥根藩與對馬藩公然出售牛肉給民眾。松崎謙堂應該也吃過彥根藩或對馬藩直屬店裡賣的味噌漬或鹽漬牛肉吧！

江戶後期，在極有限的圈子裡吃起牛肉食品，為安政元年（一八五四）開國後的牛肉食用風潮打下了基礎。

三　文明開化與吃牛肉

開國與文明開化

幕府在安政元年（一八五四）與美國簽訂了日美和親條約（神奈川條約），解除了堅持二百多年的鎖國政策。接著又在安政五年六月，與美國簽下美日修好通商條約，到九月為止，也與荷蘭、俄羅斯、英國、法國都簽下修好通商條約，總稱為「安政五國條約」。根據這項條約，安政六年，開放神奈川（橫濱）、長崎、箱館（函館）三個港口，開始與五國自由貿易。

許多歐美人藉由開港來到日本，受到他們的飲食文化影響，吃肉的風俗漸漸普及，牛肉便是肉食的中心，在牛肉的普及上，中川嘉兵衛扮演了先驅者的角色。

文化十四年（一八一七），中川生於三河國額田郡伊賀村（愛知縣岡崎市），他立志與外國人做生意，學習外語數載後，利用開港的機會，來到許多外國人聚集的橫濱。最初擔當收垃圾的雜工，得到美籍醫師西蒙斯的賞識，成為他家的傭人。中川眼光敏銳，預測今後牛奶的需求會大幅增加，它將會是很有展望的事業。慶應元年（一八六五），中川在橫濱的洲干弁財天（位置在開港場中心橫濱町的入口）附近開設搾乳場，牛奶全部送到西蒙斯處裝瓶，做起向外國人販賣的生意。但是，第二年，正當這個事業好不容易步上軌道時，卻遭到火災，燒掉了搾乳場和飼養的兩頭乳牛。即使如此，中川並不氣餒，轉換跑道在橫濱開了一家糧食行，銷售西點和麵包類商品（《橫濱市史稿》〈產業篇〉昭和七年）。《萬國新聞紙》（慶應三年三月下旬號）刊登了這樣的廣告（圖59）：

「麵包、餅乾、酒，敝店應有盡有，若有需求，不論多少，歡迎光臨。橫濱，元町一丁目——中川屋嘉兵衛。」

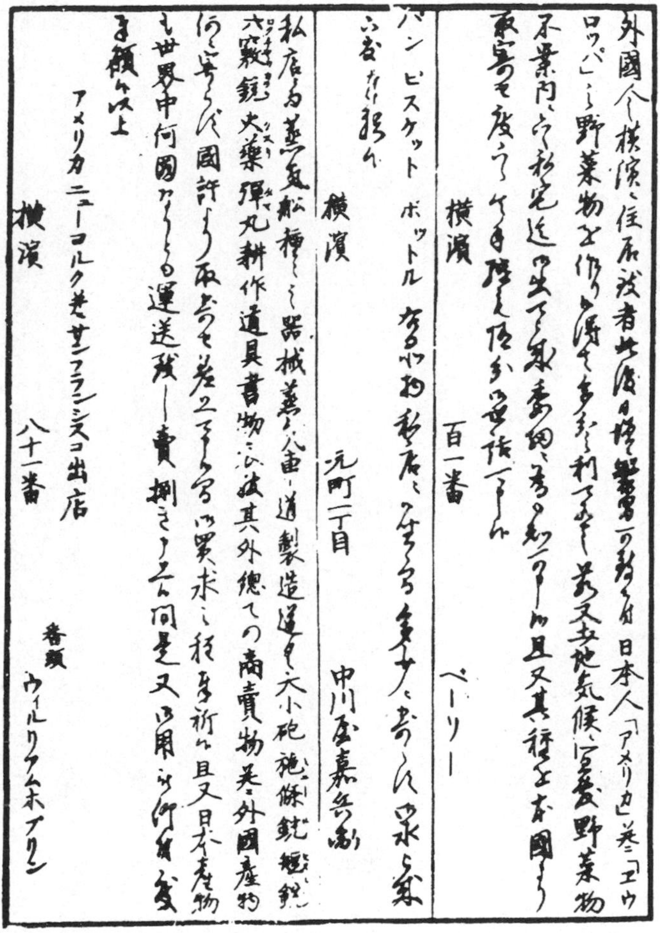
外國人ニて横濱ニ住居致者共此度の様ニ當ニ日本人「アメリカ」并ニ「エウロッパ」ニて野菜物を作り候得ハ多分の利有之候 其又其地気候ニ宜敷野菜物不案内ニ付私宅迄御出被下候得者種ニ付承り申度且又其種子本國より取寄セ度ニ付御相談可申候

横濱 百一番 ペーリー

パン ビスケット ボットル 右品物私店ニ御座候 多少ニ不寄御求メ奉願候

横濱 元町一丁目 中川屋嘉兵衛

私店ニ而蒸気船種々之器械蒸気釜道製造道具大小砲施條銃短銃六響銃火薬弾丸耕作道具書物ニ到迄其外總ての商賣物並ニ外國産物何ニ寄らず國許より取寄セ差上可申候間御求ニ付奉祈且又日本産物も世界中何國ニ而も運送致し賣捌き可申候間是又御用之節御出ニ願上候以上

アメリカ ニューヨルク并サンフランシスコ出店

横濱 八十一番

番頭 ウィルリアムホブリン

圖59 中川屋嘉兵衛的新聞廣告（中央）。《萬國新聞紙》（慶應3年3月下旬號）

開港後，藉由外國人發行了近代化的報紙，文久元年（一八六一）英國人漢薩德在長崎發行〈長崎購物清單與建議〉（Nagasaki Shopping List and Advisor）是為先驅，慶應三年（一八六七）一月，在英國傳教士貝利主持下，《萬國新聞紙》在橫濱創刊。外國人發行的報紙，讀者主要都是僑居的外國人，所以，中川在報紙上刊登廣告，向外國人販賣西點麵包。

日本人經營的麵包店中，根據史載「慶應二年二月，內海兵吉於今日北中通一丁目六番地，以富田屋的商號，製造西點麵包，向外國人販賣」（《橫濱市史稿》〈風俗篇〉昭和七年），但是中川應該是第一個在報紙上刊登西點麵包廣告的日本人吧。

中川嘉兵衛的牛肉店

不久之後，中川除了經營糧食行外，也把目光轉向牛肉事業，在高輪開了牛肉店，並且在《萬國新聞紙》慶應三年六月中旬號上刊登開店廣告：「高輪英吉利館波戸場側，中川屋出店。」

「中川屋某

此人這回於江戶高輪英吉利館波戶場側開張臨時店鋪，販賣肉類。尤其，牛肉不只對身體康健者有益，特別是虛弱罹病之人又或病後食之，可增強氣力，強健身體。且又詳查肉品來歷，盡可能便宜賣之。盼四方君子多來採購。又以圖說明牛肉全身部位，添註其解，使名其名。詳加說明烤肉、煮肉、燉肉應使用哪個部位。」

中川在廣告中除了敘述牛肉的功效，虛弱病體之人又或病後之人吃了牛肉可增強精力，強健身體之外，也用圖解說明牛肉的部位名稱和等級，各部位適合的料理法（圖60）。中川也是第一個用圖片宣傳牛肉的日本人。

這時期，英國公使館設在高輪泉岳寺前（東京都港區）。中川看準英國公使館的需求，在館旁開店，英國之外的其他國公館也設在附近（至今駐日大使館有

中川屋某

此人今般江戸高輪英吉利館波戸場側ニ仮店を開き肉類を
賣出せり就中牛肉ハ健康体ニ宜しきのミならず別して
虚弱及ひ病身の人又ハ病後ニ之を食すれハ氣力を増し
身体を壮健ニす且又肉の素性を撰し成る丈ケ下直ニ賣捌
ニ候し、四方の君子多分ニ買ひ求めんことを希望む又牛肉の全
体を圖ニ顕わし其解を添へて其名所を知らしめ何れの部を
ロースト、ボアイル、スティウニ用ゆ可きやを詳かニ説き明かせり

牛肉部分の善悪ニ由て五等ニ分つ

第一等　一　二　九
第二等　四　七　十
第三等　三　五　八　十一　十二　十三
第四等　十四
第五等　六　十五

牛肉部分の圖及ひ解

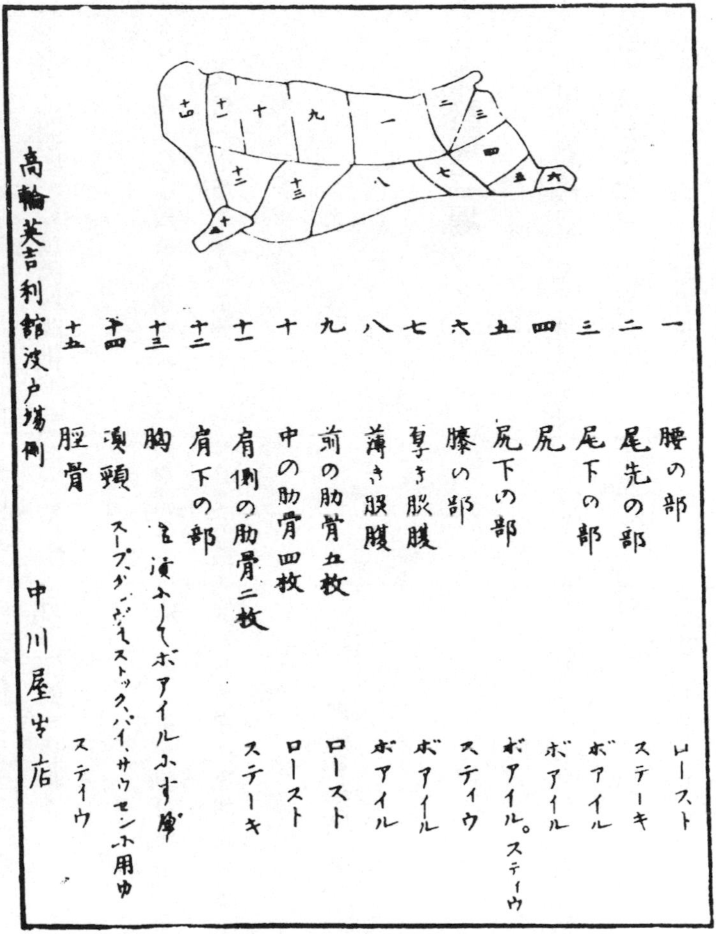

圖60 中川屋嘉兵衛的牛肉店開張廣告。圖解牛肉的部位，以及其適合的烹調方法。《萬國新聞紙》（慶應3年6月中旬號）

半數以上都在港區之內）。中川開店策略奏效，生意興隆，同年十二月，又在柳原承包地開店，《萬國新聞紙》（慶應三年十二月下旬號）登載：

「為配合各國公使館需求，於高輪開設牛肉店，虧得眾多藥用與家庭顧客的支持，小店生意日益興隆。為能長途運輸遠客，此番在柳原開設分店，盼望舊雨新知多多光顧。

江戶柳原承租地　中川屋某」

開設屠宰場

中川在高輪的牛肉店開張之前，為供應販賣的牛肉，於江戶設立了屠宰場，在《食肉衛生警察》上卷（明治三十九年）中有寫：

「中川獲待外國掛官之認可，慶應三年五月於芝白金村字猿町設立屠場。此乃東京私設屠場之濫觴。」

由於時間在慶應三年（一八六七）五月，所以中川也是第一個在江戶設置屠宰場的人。當時在江戶開設屠宰場十分不易，石井研堂的《明治事物起源》（明治四十一年）中記載：

「慶應初年，橫濱已有二、三間肉鋪開業，然江戶仍猶頑固，無人肯出借屠牛場地。當時，荏原郡白金村（港區白金）有一鄉士，名為堀越藤吉，出借屠牛場土地予——今日淡路町中川店主之祖父——由此得以於江戶屠牛。此為東京屠牛場之始。」

之後，明治元年（一八六八），他也在其他地方開設屠宰場，但是不久後陸續被迫歇業。依據《明治事物起源》的增補改訂版《〔增補改訂〕明治事物起源》（昭和十九年）中提到：

「繼（中川）之後，明治元年，萬屋萬平、大宮孫兵衛等人發起，也在芝區西應寺町開設此場（屠宰場），翌年，於民部省通商司建立搾乳場，同時又在築地門舊址一帶成立牛馬公司，開始屠牛，訂定年稅一千三百三十日圓，既然所謂的御用商人成為經銷商的話，前述的兩處私設屠宰場也因而倒閉。」

明治政府在明治二年設立牛馬公司，廢止既有的私設屠宰場，禁止個人屠牛，所以私設的屠宰場也就倒閉了。但是明治政府經營的牛馬公司不久出現營運困難，不到一年就關門大吉。之後，東京府下的屠宰場經歷設立、合併、歇業等曲折過程，至明治三十九年四月，「屠場法」公布，明治末年，在大崎、三輪、寺島、八王子、福生等五地設置屠宰場。（《日本食肉史》昭和三十一年）

食肉處理數量的增加

屠宰場整建過程雖然迂迴曲折，但是牛隻的屠宰數卻年年增加，明治六年一月十二日的新聞《公文通誌》報導：

「明治初年，東京府下一日屠牛數不詔一頭半至兩頭，至舊冬（明治五年），一日可達二十頭。若以一人半斤（三〇〇公克）來算，二十頭牛的肉可供五千人食用。如此肉食風氣一開，三、四年後一日應達四五百頭。有人云，如今當務之急乃是制定牛馬繁殖之方法。」

雖然後來增加量並沒有報導預測的那麼多，但屠牛量確實大增，明治九年七月十二日的《郵便報知新聞》中報導：

「府下的今里村與淺草新谷町兩屠宰場，自冬至春每日撲殺三十頭牛。近來每日賣出十頭左右，因此可以愛好牛肉者日益增加，相較於明治八年增加了一倍。」

屠牛量增加的同時，牛肉店的數量也增加了，明治十年十一月八日的《朝野新聞》中報導，牛肉店有五百五十八間：

「甲、書生先生大聲嚷嚷：『開了開了、大開化大開化』，還以為發生什麼事了呢！原來是府下的牛肉店多得驚人。首先，一大區有一百六十一戶，二大區有一百零四戶，三大區有六十二戶，四有五十三，五有七十四，六有三十四、七有二十，八有十四，九有四，十有三十，十一大區有兩戶。」

這個時期，東京府的範圍大約已有現在二十三區的大小，區分成十一大區。而這十一區已有五百五十八家牛肉店。

之後屠牛數繼續增加，明治末的四十二年達到二萬二千一百三十八頭（《東京府統計書》明治四十三年）。

四　牛肉火鍋的流行

牛肉火鍋店的出現

幕末開國之後，開始開設屠宰場，牛肉的食肉處理量也節節增高，而牛肉料理更促進了牛肉火鍋的流行。

其實，江戶時代後期，江戶市面就出現提供獸肉火鍋的店。獸肉火鍋店賣的是野豬肉或鹿肉，統稱為山鯨。在寺門靜軒的《江戶繁昌記》第一篇〈山鯨〉（天保三年）有寫：「凡肉與蔥正相宜，一客一鍋，連同火盆一同供應。大戶以酒配之，小戶以飯配之。」而《守貞謾稿》卷之五中有：

「如今世面上京坂兩地街角放眼皆時賣這肉（豬、鹿的肉）的店家，不只是掛竹簾的店家，連小店都能烹煮販賣。江戶這種店特別多，三都皆加蔥在鍋中烹煮。」

圖61 獸肉火鍋店。拉門上寫著「您懂」，上面寫的是「笑稱初登山，實則老江湖。」《種瓢子》三集（弘化2年）

幕末時獸肉火鍋大為流行，圖文書《種瓢子》三集（弘化二年，一八四五）畫出人們在獸肉火鍋店吃火鍋的情景，拉門上寫了「您懂」（圖61），指的就是「大家皆知的獸肉火鍋」吧！

此外，鴨肉火鍋也開始流行，在《守貞謾稿》卷之五有「食鴨以下之鳥為常事。然而，京坂專以蔥鍋烹煮黃雞食之，江戶以稱為軍雞之鬥雞如法泡製，販賣此鍋。」黃雞火鍋、軍雞火鍋都和獸肉火鍋一樣，以蔥烹煮來吃。

而牛肉火鍋店使用了牛肉取代獸肉和雞肉製作成火鍋，牛肉火鍋在大阪出現得比較早，福澤諭吉在《福翁自傳》（明治三十二年）中回想：

「只要手邊有點錢，馬上就會想去喝兩杯。（略）最常去的是雞肉店，而更方便的是牛肉店。那時候，全大阪吃得到牛肉火鍋的地方只有兩三家。一家在難波橋頭，另一家在新町城廓旁，因為是最下等的店，正經人絕不會進出這家店，最常見的固定客人只有全身刺青的地痞流氓和緒方的學生。那肉不知從哪兒訂的，反正意外死或病死的牛，都照單全收，一個人只要一百五十文就有一頓牛肉、酒和飯飽餐一頓。不過牛肉又硬又臭。」

這是福澤在緒方塾（譯註：天保九年〔一八三八〕，蘭學家暨醫師緒方洪庵在大坂開設的蘭學塾，又稱適適齋塾、適塾）當塾長的時候，大約安政四、五年（一八五七～五八）的事。

繼而在橫濱也出現了牛肉火鍋店，文久二年（一八六二）橫濱住吉町或人舟町的伊勢熊酒館，開了橫濱第一家牛肉店。（《橫濱市史稿》〈風俗篇〉昭和七年）

東京的牛肉火鍋店

到了明治年間，東京也出現了牛肉火鍋店，明治元年版《歲盛記》〈淺草名物之部〉中可見「天王橋牛鍋」的名字（圖62），天王橋是鳥越橋的民間俗名，跨建在奧州街道（現在的江戶通）與鳥越川交會的地點（台東區淺草橋三丁目附近）。

這家店應是東京早期開張的牛肉火鍋店，不過石井研堂的《增補改訂明治事物起原》中記載了「中川屋」（中川嘉兵衛）開設「第一家牛肉火鍋店」時歷盡辛苦的過程：

「雖然開了屠宰場，但是苦無賣牛肉的管道，充其量只能賣給慶應義塾的學生（略）。中川屋與堀越（前述的白金村鄉士堀越藤吉）商量，認為只賣肉沒什

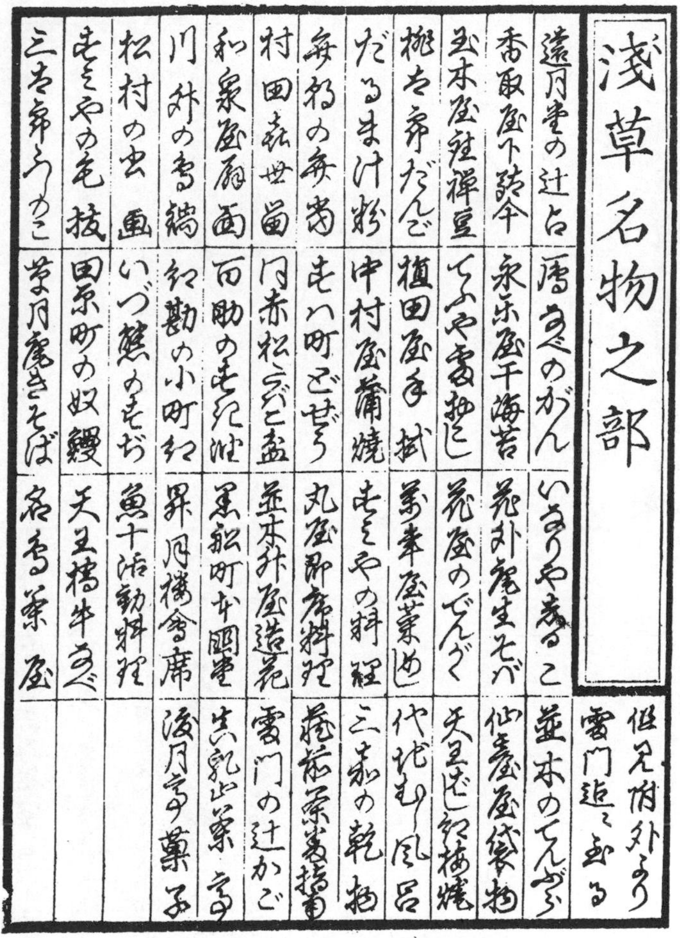

圖62 東京最早出現的牛肉火鍋店。自上起第三排，自左起第二家「天王橋牛鍋」。《歲盛記》（明治元年）

麼前景，不如賣個牛肉火鍋。（略）在芝、京橋一帶尋找租地，但聽聞要賣牛肉火鍋，眾皆拒絕。或有人因見高價而喜於首肯，但五人組（譯註：江戶時代的鄰保制度，原則上以五戶為一組，互相監視扶助，確保納貢等，採取連座責任制）卻不肯認帳。偌大的下町竟無一家肯貸。好不容易在芝露月町的東側——當時其後方便是海岸——找到一間租屋。那個房東太太是個貪財的人，一聽到高額租金便說，不論五人組怎麼說，她也可以馬上租出去。於是兩人快速租到了店，準備牛肉店開業。然而，中川屋在五稜郭切割冰塊的事業失敗，不得不避避風頭。堀越只好接下向異人館進貨牛肉的權利，一個人經營。」

雖然沒有指明牛肉火鍋店何時開業，但應該是明治元年前後，中川嘉兵衛雖然撤出牛肉火鍋店的經營，但是卻是東京牛肉火鍋店的催生者。

牛肉火鍋店有三種

圖63 武士和商人吃牛鍋。文中寫「那位應該是某舊藩的上級武士，與他同來的是商人」《安愚樂鍋》二篇（明治4年）

明治初期，繼露月町中川之後，神樂坂鳥金、蠣殼町中初、小傳馬町伊勢重等牛肉火鍋店接二連三的開張，此時假名垣魯文的《安愚樂鍋》（明治四～五年）出版，正如書中所說「士農工商、男女老幼、賢愚貧富，不吃牛鍋，非文明開化人」（初篇〈開場〉，正士、幫間（為客人打鼓助興的男子）、娼妓、藝妓、茶店的女侍、工匠、商人、演員、蒙古大夫、說書人等三教九流之士都來牛肉火鍋店（圖63）。

在這裡，牛肉火鍋店也叫「牛店」、「牛肉鋪」或「牛屋」。

之後，牛肉火鍋店急速成長，明治八年出版的〈東京牛肉軍雞流行店〉列出了五十八家牛肉店的排行榜（圖49，一八八頁）。牛肉火鍋店分為上、中、下等，服部誠一的《東京新繁昌記》〈牛肉店〉（明治七年）中寫道：

「肉店有三等，樓頭旗幟飄揚者為上等也，檐角掛招燈者中等也。以紙門當招牌者下等也。皆以朱題牛肉二字而表鮮肉。」

意思是牛肉火鍋店分為上中下等，不同之處在於豎著寫有牛肉的旗幟、在店頭掛著寫著牛肉的行燈，和把牛肉寫在紙門上，但三種店招的牛肉都以朱色書寫，以表示牛肉新鮮。〈東京名勝筋違橋之真景〉廣重畫（明治時期）牛肉火鍋店掛著用朱墨寫「牛肉」二字的旗幟（圖64）。

牛肉火鍋店的形態雖然多少有些變化，但是還是沿襲傳統。明治二十八年十一月十日號的《風俗畫報》（一〇二號），一位大田多稼的作者以〈牛肉屋〉

為題，撰寫了下面這段文字：

「舉例來說，現今較少有旗幟在竿頭飄揚了，上等和中等都在檐頭（屋簷）

圖64 牛鍋店掛著用朱字寫了「牛肉」的旗幟。旗幟就在橋的對岸遠處。〈東京名勝筋違橋之真景〉廣重畫（明治時期）

掛著寫有牛肉紅字的燈籠，下等則在入口的紙門上寫上朱字充作招牌。（略）上中等的店家，往來的顧客有官吏、有書生，有商賈，丟個三、四十錢銅板就能酒足飯飽，是以肉店不管開在何處，必都擠滿了饞客。」

民眾視自己的身分和預算選擇不同等級的牛肉火鍋店，不論開在哪裡生意都興隆。

《東京商工博覽繪》（明治十八年）有一幅〈牛肉商〉的圖，店門口就掛著寫有「牛肉」的燈籠。這家店大概也是屬於「上等」或「中等」的店吧（圖65）。這家店「牛肉」兩字是不是朱色無法得知，不過畫家伊藤晴雨速寫過紙門上寫著「牛肉」大字的「下等」牛肉火鍋店，一旁的說明寫「牛肉（文字為朱色）」（圖66）（《伊呂波順江戶與東京風俗野史》卷之一，昭和四年）。牛肉店似乎還是用朱字在店頭燈籠和紙門寫「牛肉」當作註冊商標。

圖65 牛鍋店掛的燈籠寫著牛肉。這家店也賣生牛肉，看得到「牛肉批發」的招牌。《東京商工博覽會》（明治18年）

圖66 紙門上用紅字大大寫了「牛肉」兩字的牛肉火鍋店。《伊呂波順江戶與東京風俗野史》（昭和4年）

牛鍋的種類

從假名垣魯文的《安愚樂鍋》「御藏前店鋪，名叫高簱的牛肉鍋」、「不食牛鍋，非文明開化人」（初篇〈開場〉）和「一進門先來牛肉鍋，杯觥交錯喝將起來」（三篇上）的文章可知已有人使用「牛肉鍋」或「牛鍋」的名稱，另外他又寫「此牛肉看起來剛宰好，滿嚇人的。這兒這兒，小姐，再來一鍋做成壽喜燒，快點快點！」（三篇下）「喂喂，小姐，給師父切點里肌吧，小心侍候，另外準備一個燒鍋來。」（三篇下），用到了「壽喜鍋」和「燒鍋」的名字。

荻原乙彥的《東京開化繁昌誌》〈牛店繁昌〉（明治七年）中記述了牛鍋店的菜單：

「席間未設餐桌、椅子，反倒是鋪了市松格紋的榻榻米，方一尺二三寸的盒子上安置了今戶燒的土製火盆，用鐵鍋細火慢燉。前面的牆上貼著紙，寫了數款割烹。曰，壽喜燒、鍋燒、玉子燒、鹽燒、刺身、煮肉等。」

圖67 明治初期的牛肉火鍋店。二層樓建築，入口的一旁設有牛肉販賣部，從入口直上二樓。《東京開化繁昌誌》（明治7年）

這裡面也看得到「壽喜燒」和「鍋燒」的名字（圖67）。

所以從此處可知牛肉火鍋有不同的叫法，而服部誠一的《東京新繁昌記》〈牛肉店〉中則說明了牛鍋中有並鍋和燒鍋的種類和不同之處：

「鍋又分二等，和蔥烹者曰並鍋，價三錢半。以脂膏摩鍋烹者曰燒鍋，價五錢。一客一鍋，皆備火盆焉。有點酒者，有點飯者。」

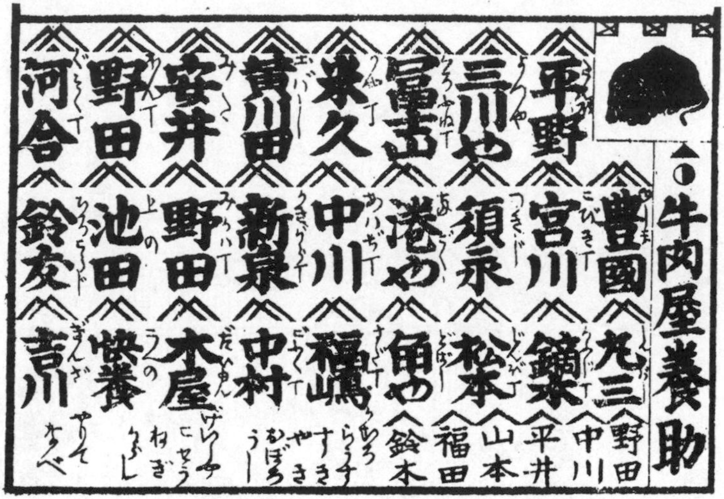

圖68 牛肉火鍋店的排行榜。看得到「壽喜」「鍋」的菜單。《東京流行細見記》（明治18年）

從而，牛肉火鍋有兩種，以湯煮肉來吃叫做「牛肉鍋」、「牛鍋」、「並鍋」、「鍋燒」等，而以油脂塗在鍋上炒煮牛肉來吃，稱為「燒鍋」、「壽喜燒」。

《東京流行細見記》〈牛肉屋養助〉（明治十八年）將牛肉火鍋店做了排名，店名下有「禿、里肌、壽喜燒、肉鬆、牛、藝妓、胡椒、蔥、辣椒、老鴇、鍋」（圖68）內容中的「里肌、壽喜燒」就是里肌肉壽喜燒，「鍋」指的是用湯煮肉來吃的牛鍋吧！

壽喜燒的名字源自於江戶時代以耕田的鋤頭權充鍋子燒煮鳥獸和魚肉的食物，後來便也將牛肉燒煮來吃，不久後，牛肉火鍋的吃法也有了「鋤燒」（Sukiyaki，即壽喜鍋）的名稱，反倒不太用牛鍋這個詞了。

牛鍋的烹調法

花之屋胡蝶出版於明治二十六年的書《全年家常菜的作法》中詳細記載了「牛肉鍋」的作法，烹調的步驟為：

「煮法人人各異，不過，這裡將記述葡萄牙口味與味噌口味兩種。葡萄牙口味即一開始在鍋裡放少許葡萄牙油（橄欖油），再放入牛油，先煎青蔥。可稍微將鍋放低以免油汁噴濺。然後，加入美醂（味醂）和醬油烹煮牛肉。而味噌口味是將酒，醬油、砂糖和水調合均勻用之。（略），又味噌口味會在牛肉上用白味噌。其味噌的作法是在白味噌中加入砂糖、酒，完全融解後磨成泥。」

書中介紹了葡萄牙口味和味噌口味兩種「煮法」，葡萄牙口味是抹一層油，用味醂與醬油將肉燒煮而成的吃法。味噌口味是用「湯底」（以酒、醬油、砂糖、水調合而成的湯汁），加入味噌泥（用白味噌、砂糖、酒磨成）後烹煮牛肉的吃法。《安愚樂鍋》等看到的兩種牛鍋，應該也是用這種方法吃的。

「湯底」在明治初年稱為Soup，但後來叫「割下」，《風俗畫報》一〇二號（明治二十八年十一月十日）中有「去肉店的話，蔥叫做五分，肉叫做生，汁叫做割下，如同暗號一般。」

味噌口味的湯底（割下）所加的味噌泥是醬味噌，又簡稱醬，在《東京開化繁昌誌》的〈牛店繁昌〉中，牛肉火鍋店的店員聽到顧客點菜，便「高聲吆喝，一片生肉，多點醬汁」。也有人寫的都都逸（譯註：江户時代末期流行的通俗小曲）唱道：「即使醬汁入味，細燉慢熬，那個人還是五分也不透」（譯註：這裡的醬汁、五分都是雙關語，醬汁這裡是津津樂道自己的風月之事，五分在牛鍋是蔥的意思，但又有滴水不透、絲紋不動於心的意思）（《開歌新聞都都一》〈牛店〉明治七年左右，圖69）。

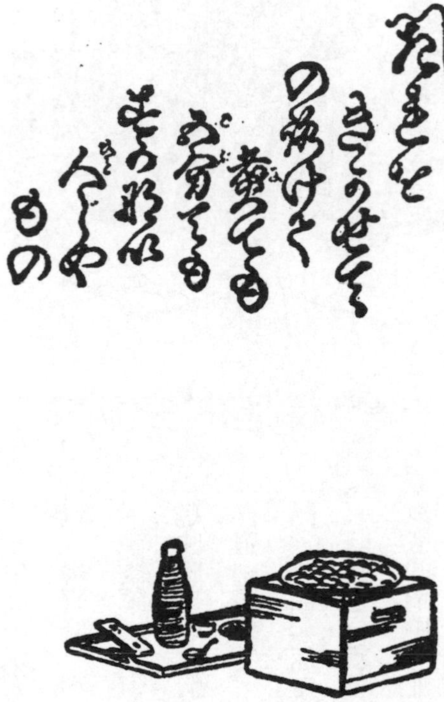

圖69 題為「牛店」的都都逸。《開歌新聞都都一》
（明治7年左右）

圖70 坐在牛肉火鍋前杯觥交錯，一面爭論的書生。《西洋道中膝栗毛》六篇（明治4年）

牛肉火鍋有醬油口味的燒鍋（壽喜鍋）和味噌口味的並鍋（牛肉鍋），但一般人吃的大都是味噌口味。假名垣魯文的《西洋道中膝栗毛》六篇〈書生的醉話〉（明治四年）中兩個書生「切五分的蔥與醬味噌合起來」熬煮的鍋中，加入熱開水一面互相敬酒（圖70）。

關於味噌口味用的味噌種類，《全年家常菜作法》中寫的是白味噌，但似乎不限於白味噌，明治四十年出版的《料理辭典》〈牛鍋〉一節有：「味噌口味者將味噌融於味醂中，稍稍磨細，然後過篩。」並沒有指明味噌的種類。

牛鍋的材料有蔥

江戶時代，人們會在獸肉鍋或軍雞鍋裡放蔥來吃，牛肉火鍋沿襲了這個傳統，材料中也有放蔥。《魯文珍報》第七號〈牧牛論〉（明治十一年二月十八日）有寫：「將蔥切五分，先丟進味噌，在鐵鍋炒熱，肉片切薄，撒點山椒便足以消除臭氣」，由此可知蔥切成五分（約一．五公分）長，所以蔥又叫「Gobu（五分）」又叫「Zaku」（譯註：指切成斜而短的蔥）森鷗外的作品有一篇〈牛鍋〉（明治四十三年一月）的短篇，開頭描寫男人吃牛鍋的場景：

「鍋裡慢火燉煮。牛肉的紅在男人敏捷的筷下翻過來，將變白的那面朝上。切成薄薄斜片，稱之為Zaku的蔥，蔥白處漸漸變黃，沉入褐色的汁中。」

所以，蔥斜切成薄片叫做Zaku。改變了蔥的切法，所以就不再叫五分了。

為了消除牛肉火鍋的臭味，使用了山椒粉等，《魯文珍報》中有「撒點山椒便足以消除臭氣」，而前述的《全年家常菜作法》則是寫「香料可用山椒粉，西洋胡椒更佳。」

永井荷風在《紅茶之後》〈銀座〉（明治四十四年七月）中說：「我總是相信，人力車和牛鍋是明治時代自西洋進口事物中最成功的東西。」

小攤上賣燉鍋

服部誠一的《東京新繁昌記》〈牛肉店〉（明治七年）也寫到賣燉牛肉：

「有開露肆賣肉者，曰烹籠。專招無能上肉店之貧生也。懶叟啜著鼻水製之，以竹串貫穿肉，丟進大鍋。灶火長年不熄，牛肉總是滾沸，一串值文久二孔也。（略）輓夫圍著鍋吃肉，蟻集蜂攢，有縱食者，有橫食者，或有爭串相鬥者，或有奪串而去者。吵吵嚷嚷，狼吞虎嚥。以三串解一時之飢。此肉多是日日走遍屠場乞其廢肉者矣。硬如澀紙者，乃已出十日之肉也，軟如豆腐者則全屬腐敗之肉也。醬汁則貯藏鎌倉時代之餘瀝，一天比一天陳舊，真箇是臭氣衝鼻。」

大道店（小攤）的燉肉一串賣「文久二孔」（文久錢二枚），拉車等的窮人群聚爭食。文久錢一枚等於一厘五毛錢，所以三厘就能吃到一串牛肉。牛肉火鍋店裡的牛鍋，即使是並鍋也要三錢半，可以用牛鍋十分之一以下的價格吃到一串的燉牛肉，用的是廢肉，「臭氣衝鼻」的玩意兒，但是對做粗工的人來說，卻是珍貴的精力來源。

關於這種攤販燉肉的調味，松原岩五郎在《最黑暗的東京》〈軍夫的食物〉（明治二十六年）中道：

「燉肉——這種工人的滋補食物，材料來自屠牛場的內臟、肝、膀胱，或

圖71 在〈車夫的食物〉一文中畫的〈下等社會的食物店〉。《最黑暗的東京》（明治26年）

是牛舌，買來後將它剁碎，切成肉片，如田樂以竹籤串之，於混入味噌之醬油汁中燉煮者。」

所以是用醬油和味噌來調味（圖71）。

這裡也還是用內臟等來燉煮，但也有賣上等燉肉的攤子，田山花袋的《東京的三十年》（大正六年）中追述：

「京橋的橋西側，大鍋中煮著現在即使郊區也看不到的骰子牛肉，白煙蒸騰，可口的香氣撲向過路行人的鼻子，即使衣冠楚楚的人們，也毫不在乎地站在攤前吃起來。」

這是明治十四年左右的描寫，已有攤子賣起切成骰子塊的牛肉。

五　牛丼的誕生

牛肉飯店的出現

正如前述《東京新繁昌記》中有「一客一鍋，皆備火盆焉。有點酒者，有點飯者。」所說，牛肉火鍋店也提供白飯，所以，把牛肉鍋盛在丼飯上就成了牛丼。賣燉牛肉的攤子也可以提供白飯，所以將燉牛肉盛在丼飯上，就是一道牛丼了。牛丼是在牛肉鍋和燉牛肉普及後的產物。

骨皮道人的《百人百色》〈裏店的山神〉（明治二十年）中描寫長屋的主婦

餓著肚子發牢騷：

「那個混蛋一定又去路邊聽說書了，簡直把人當傻瓜嘛。到外面去的人，肚子餓了，不管是天婦羅飯還是牛肉飯，想吃什麼都吃得到。待在家裡的人，身上沒錢，餓的時候別說是天婦羅飯，連一個大福餅都沒得吃。」

明治二十年時賣的牛丼，稱為牛肉飯，用甜醬油或味噌煮的牛肉，盛在溫熱白飯上做成的牛肉飯，滋味鮮美。牛肉飯雖然在牛肉飯店開賣，但是飯店一家家開，明治二十四年十一月六日的《朝野新聞》報導：「牛肉飯店的增加：店頭前的燈籠用粗筆寫著一碗一錢經營的店家，各區內都日益增加。」

在這則報導約一個月前，十月三日的《郵便報知新聞》報導了蕎麥麵的漲價：「因前卅日暴風雨，部分地方蕎麥損害甚大，蕎麥粉價倏然高漲，因此市中有些『冷麵、掛麵』八厘的招牌改成一錢」。而牛肉飯用一碗蕎麥麵的價格就能吃到。直到現在，走在街頭上隨處都能看到牛丼店，一百三十年來，一直維持著低廉價格就能吃到的狀況。

明治二十五年，牛肉飯蔚為風潮，篠田鑛造的《幕末明治女百話》（昭和七年）中收錄了從婦女口中聽到幕末到明治年的小故事。其中有一名主述的婦人敘述：「說到（明治）二十五、六年左右，牛肉飯開始流行，味道噴香，令人垂涎，甚至有人叫它紅狗肉。一碗一錢三厘，冬日吃了暖呼呼，不管是女人還是誰，大家都來吃。」（〈甘酒屋儀介與蕎麥稻荷〉）。女人也愛吃牛肉飯，這一點與現在的狀況稍有不同。

攤販也賣牛肉飯

牛肉飯在小攤上也看得到了，《風俗畫報》第二六一號（明治三十五年十二月十日），有一篇〈數寄屋橋附近的景況〉，描寫明治三十二年，在數寄屋橋附近廣場擺攤的攤販景象，其中有兩個賣「牛飯」的攤子（圖72），也有人站在攤子前吃牛肉飯。

明治三十九年二月十五日《實業之日本》中，有一位筆名「胡蝶」的人寫了有關牛飯的文章。

「讓（商家）小伙計食指大動的紅字燈籠——牛飯或烤雞，著實充滿美味的香氣。但是如果說到它們的原料，不但是一點都不營養，而且還是相當粗劣的食物。（略）牛肉的原料，簡單地說，就是在屠牛場買來的臉頰、腹皮、鼻頭、小腸等部位。因為廢物利用，所以才便宜。實際上用二十錢買的肉，可以賣二圓，所以店家不會用其他的肉。雖然硬得咬不斷，唯獨臉頰肉吃起來像肝臟，十分軟嫩。事實上，屠牛場會在屠宰後立刻水煮販賣（一簍十錢），其他部分就算是長井兵助（譯註：江戶時代的牙醫，也會在街頭表演販賣家傳的牙刷）用最得意的牙齒也咬不斷，根本不是什麼滋補營養之物。」

這裡說的可能就是攤販賣的牛肉飯，攤販賣的牛肉飯雖然如此粗劣，但是平民還是愛吃牛肉飯。撰寫東京探訪記的川村古洗抒發感想道：

「一年三百六十五天，每當太陽沉入西山邊，傍晚的明星在天空閃耀時，攤販便在夜色中的東京各個街頭開店營業，從關東煮酒館為首，還有壽司店、天婦羅店、牛肉飯店、烤雞店等。像關東煮、天婦羅最適合寒風吹過的冬夜吃，壽司店、牛肉飯店總覺得是夏末入秋時的食物。」（《世間探訪》〈東京名產夜的攤販〉大正六年）

一到黃昏，牛肉飯的攤子便在各個街頭開張，滿足小老百姓的肚子。當時人們將牛肉飯視為下等階級的食物，但是不久之後發生了一件事，讓這個印象大為改觀。

大福

圖72 明治32年時牛肉飯攤子「數寄屋橋附近的景致」。排列整齊的攤販中，有兩家「牛肉飯」。（《風俗畫報》261號，明治35年12月10日）

關東大地震與牛肉飯

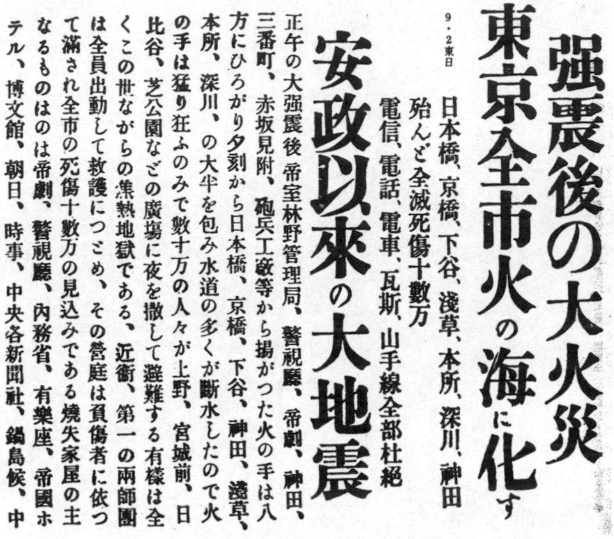

強震後の大火災
東京全市火の海に化す
9・2東日
日本橋、京橋、下谷、淺草、本所、深川、神田
殆んど全滅死傷十數万
電信、電話、電車、瓦斯、山手線全部杜絶
安政以來の大地震

正午の大强震後帝室林野管理局、警視廳、帝劇、神田、三番町、赤坂見附、砲兵工廠等から揚がつた火の手は八方にひろがり夕刻から日本橋、京橋、下谷、神田、淺草、本所、深川、の大半を包み水道の多くが斷水したので火の手は猛り狂ふのみで數十万の人々が上野、宮城前、日比谷、芝公園などの廣場に夜を徹して避難する有樣は全くこの世ながらの焦熱地獄である、近衞、第一の兩師團は全員出動して救護につとめ、その營庭は負傷者に依つて滿され全市の死傷十數万の見込みである燒失家屋の主なるものは帝劇、警視廳、內務省、有樂座、帝國ホテル、博文館、朝日、時事、中央各新聞社、鍋島候、中

圖73 報導關東大地震慘況的新聞文章。《東京日日新聞》（大正12年9月2日）

大正十二年（一九二三）九月一日，關東地方發生了震度七・九級的大地震，世稱關東大地震。整個東京化為焦火，第二天的新聞打出〈強震後大火災，東京全市化為火海：日本橋、京橋、下谷、淺草、本所、深川、神田幾乎夷為平地，死傷十餘萬〉的標題報導其慘況（《東京日日新聞》大正十二年九月二日，圖73）

除了死傷者之外，許多人也成為地震的受害者，市民們堅強地重新站起來，很快的街頭出現滿足民眾飢餓的攤販。九月十七日的《東京朝日新聞》有〈日比谷一帶三百家臨時小吃攤〉的標題，報導這種現象：

「身無長物的人、無家可歸的人經過了兩個多星期的今天，也必須開始尋找自己的活路，所以零零星星的有些做小生意的人出現了。其中靠著店家、貨品和與客戶的關係快速著手的小吃店搶第一棒。他們看準到日比谷避難，既無糧食也無處落腳的難民或行人，賣起麵疙瘩或是紅豆湯、牛奶和水果等。」巡邏的員警微笑道：「推著只有『小店』二字的攤子招呼客人，這種臨時商人粗略估算大概有三百多人吧。」某區某店之類招牌名店已是一無所有，全力想東山再起雖然艱困，但是前途可待。從日比谷門進入日比谷公園，直走到底，有一攤四面掛著竹簾，連屋頂都沒有，只有長板凳的小店，貼了「牛飯十錢」的唐紙，下面風雅的寫著「松月」二字。這是早先聞名京橋山城町的松月茶樓老闆，窮途末路想出的主意。『碗盤、和服什麼也沒帶，一家人相擁著逃出來，想到如果不做點什麼只會餓死，開張到現在第四、五天，奇妙的是我每碗只賣十錢，但是一天可賺到四、五十日圓』他喜滋滋地說。」

賣牛肉飯是「一無所有」的人也能做的生意，松月茶樓（客人叫藝妓來飲酒作樂的茶屋）賣牛飯，一天就能收入四、五十日圓，也就是說一碗十錢的牛飯，一天能賣四、五百碗。像松月這種上流階級出入的茶店賣起牛飯，在大阪都掀起話題，《大阪每日新聞》也報導「『松月』茶樓變成牛肉飯店，雖然是只有一張板凳的攤子，但是一天能賺五十日圓。」（九月十七日）

六　牛丼的普及

第一次牛丼旋風

大地震後，除了日比谷周邊之外，很多地方都搭起了鐵皮屋、攤子等做起生意來。其中最多的是牛丼店。地震發生三個月後，十二月十日的《讀賣新聞》以〈全天下都在吃的「牛丼」〉為標題，描述牛丼店熱銷的景象（圖74）。

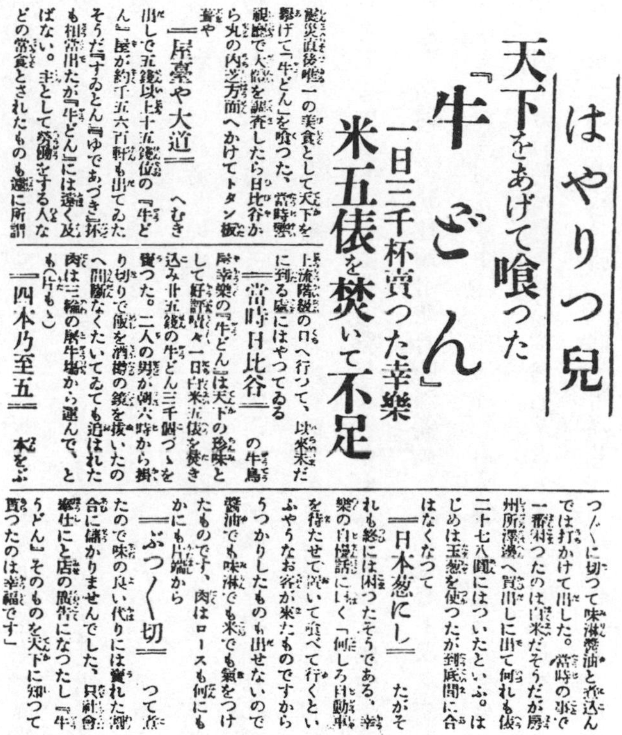

はやり兒
天下をあげて喰つた「牛どん」
一日三千杯賣つた幸樂
米五俵を焚いて不足

震災直後唯一の美食として天下を擧げて「牛どん」を喰つた、當時警視廳で大體を調査したら日比谷から丸の内芝方面へかけてトタン板葺や

『屋臺や大道』へむき出しで五錢以上十五錢位の『牛どん』屋が約千五六百軒も出てゐたそうだ『すゐとん』『ゆであづき』杯も相當出たが『牛どん』には遠く及ばない。主として勞働をする人などの常食とされたものも遂に所謂上流階級の口へ行つて、以來未だに到る處にはやつてゐる

『當時日比谷』の牛鳥屋幸樂の『牛どん』は天下の珍味として好評嘖々一日に米五俵を焚き込み廿五錢の牛どん三千個づゝを賣つた。二人の男が朝六時から掛り切りで飯を酒樽の鏡を拔いたのへ間斷なくたいてゐても追はれた肉は三輪の屠牛場から運んで、とも(片もゝ)

『四本乃至五』本をぶつ／＼に切つて味淋醤油と煮込んでは打かけて出した。當時の事で一番困つたのは白米だそうだが房州所澤邊へ買出しに出て何れも俵二十七八圓にはついたといふ。はじめは玉葱を使つたが到底間に合はなくなつて

『日本葱にし』たがそれも終には困つたそうである、幸樂の自慢話によく「何しろ自動車を待たせて並いて喰べて行くといふやうなお客が來たものですからうつかりしたものも出せないので醤油でも味淋でも米でも氣をつけたものです、肉はロースも何にもかにも片端から

『ぶつ／＼切』つて煮たので味の良い代りには賣れた割合に儲かりませんでした、只社會奉仕にと店の廣告になつたし『牛うどん』そのものを天下に知つて貰つたのは幸福です」

圖74 報導牛丼店生意興隆的報紙新聞。《讀賣新聞》（大正12年12月10日）

「大地震之後『牛丼』成了唯一的美食，全天下都在吃。依據當時警視廳的總體調查，從日比谷往丸之內、芝的方向，約有一千五、六百家搭著鐵皮屋、攤販，或是占據街道，賣起五錢到十五錢左右的『牛丼』店。賣『麵疙瘩』和『紅豆湯』的也相當多，但是遠遠不及『牛丼』。主要是因為原為勞動工人等主食的牛丼，突然受到所謂上流階級的青睞，自此之後在各地流行開來。當時（震災剛結束）日比谷的幸樂牛鳥屋，人們交相稱讚其『牛丼』乃天下之珍饈，一天要煮五袋白米，賣出三千碗廿五錢的牛丼。兩個男子從清晨六點開始，就埋頭用開封的酒煮飯，但還是趕不及。牛肉從三輪的屠牛場運來，四隻到五隻牛腿全部切碎，用味醂和醬油燉好後盛在飯上端出。他們說因為當時的情勢，最傷腦筋的是白米，甚至到房州所澤一帶去採買，一袋米漲到二十七八日圓。一開始用洋蔥，但還是趕不及，只好改成日本蔥，但最後依然不夠用。幸樂說起最得意的事，是客人讓汽車在旁等著也要下車吃一頓，所以他們從不敢怠慢，不論是醬油、味醂還是米都絕不馬虎。牛肉也是，不論里肌還是什麼肉，全都切碎燉煮，滋味鮮美所以賣得好，但相對的賺不到什麼錢，只當作是服務社會和幫店做廣告。反正讓『牛丼』成為天下聞名的美食，就很滿足了。」

從丸之內到芝，如果用直線距離來算的話，只有五公里左右。在這麼窄小的範圍內，竟然開了一千五、六百家牛丼店，除了勞工階層之外，連上流階級的人都來吃。「幸樂」牛丼一碗二十五錢，一天可賣三千碗，是《東京朝日新聞》報導的「松月」銷量的六倍，可以想見手忙腳亂的程度。

在關東大地震的契機下，掀起了牛丼旋風。

牛丼名稱的出現

《家庭日本料理法》（大正六年）中有一篇「牛丼：自製暖和又美味好吃的牛丼」，刊載了牛丼的作法，可知此時已使用牛丼這個名字，而大地震發生時，牛丼的名稱普及，就像前面提過的《讀賣新聞》報導〈全天下都在吃的「牛丼」〉。

但是，這時期「牛飯」的稱呼還是較具優勢，地震後未久，速寫「鐵皮招牌大凡六百有餘」的《新帝都看板考》（大正十二年十二月）中畫了三十二張牛飯的招牌，而牛丼的招牌只有七張。看看飯田町一帶營業的三家店招，一家賣「牛丼」，另外兩家則賣「牛飯」（大正十二年十月十日的速寫，圖75）。那個時代

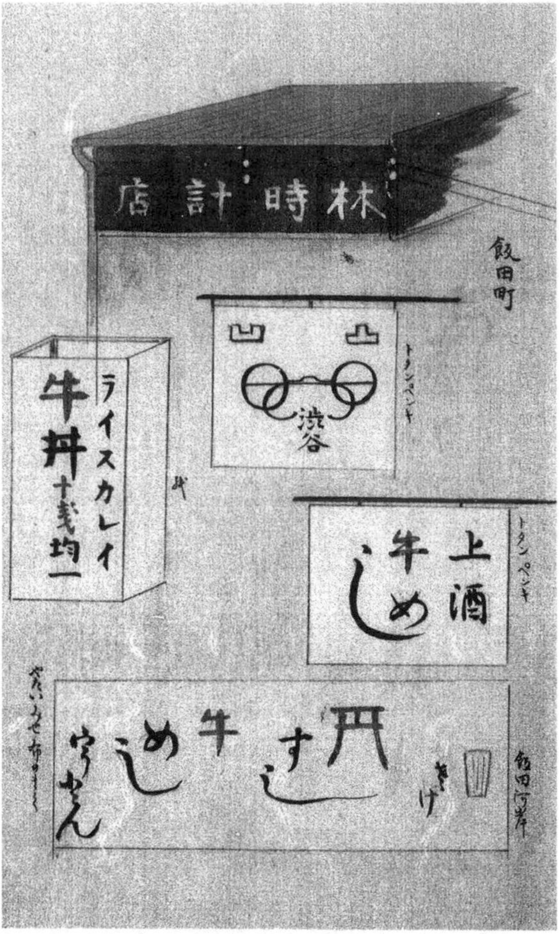

圖75 牛丼與牛肉飯的招牌。大正12年10月10日的速寫。《新帝都看板考》（大正12年12月）

名稱用牛丼還是牛飯，全憑各家的自由，不過掛牛飯招牌營業的店還是比較多。

後來，牛丼的名字漸漸大眾化，但現在仍有大型牛丼連鎖店還是採用牛飯的名字販售。

調配得到食材的牛丼

牛丼店之所以可以快速開張，原料調配順利是很大的因素。

關於主材料的牛肉，閱讀前述的《讀賣新聞》報導，「幸樂」說「牛肉從三輪的屠牛場運來，四隻到五隻牛腿全部切碎，用味醂和醬油燉好後盛在飯上端出」，幸樂的牛肉是從三輪屠場進貨，東京的屠場在地震發生後便開始營業。九月十日的《東京日日新聞》標題有〈吃得到肉了，屠宰場漸漸復舊〉，報導：

「由於地震關係，各屠場暫時停業，但如左述現已開始作業，獸肉供給逐漸豐澤。四日寺島屠場、五日大崎屠場、六日玉川、野方、保谷的各屠場，七日三輪屠場。」

地震的三天後，九月四日起各屠場陸續開始作業，進而政府通過內閣會議，在九月九日宣布免除生牛肉與鳥蛋進口稅。牛肉的供給來源已在穩定狀態。

幸樂受訪敘述，他們是用味醂和醬油燉煮牛肉與洋蔥，可知這個時期牛肉飯裡會加洋蔥。

至於洋蔥方面，青果市場的復原十分遲緩，九月十四日《讀賣新聞》報導：「百年僅見的大地震造成全毀的悲劇，神田、京橋、濱町三大青果市場於災難後競相在焚燒舊址快速設置臨時市場，關於今後的方針、開市時間及其他，幹部等雖齊聚商討，但是目前還未能決定方針」，只有京橋市場從十五日開市。雖然復原較慢，不過神田的市場也隨後開市，九月十八日的《東京日日新聞》報導：「神田區也從十八日起，多町的青果市場也搭起帳篷開張，須田町、小川町的中心地區目前還在研議重新開業的時間。」幸樂無法買到穩定的洋蔥，花了很多心思用青蔥代替，不過隨著青果市場慢慢復元，想必他們沒多久又開始使用洋蔥了。

在前面親子丼一節中敘述過（一九五頁），洋蔥是明治初年從西洋進口到日本的西洋蔬菜，後來生產量急速增加，到了明治三零年代，已經是日本常見的食材之一。《料理辭典》（明治四十年）中有寫：「洋蔥：球蔥，鱗莖肥大，與蔥供作食用的目的幾乎完全相同（略），由於味道甜美，近來需求大增。」洋蔥與蔥的用途相同，但是蔥較適合牛肉火鍋，而洋蔥較適合牛丼。牛肉火鍋傳承江戶時代獸鍋、禽鍋的吃法，與蔥一起煮，但是後來發現牛丼與西洋傳來的洋蔥口味更調和。

至於米的方面，幸樂表示調度最為困難，甚至得遠到房州（千葉縣）去採購。但是困難的時間應該不會太長，政府在九月九日將大阪貯藏的公米三萬六千袋送往受災地，並且訂立運輸計畫，十日送八萬三千五百袋，十二日送三萬三千袋。此外，九月九日內閣決議也循牛肉免稅之議，免除米穀進口稅。之後，全國各地送來米糧，九月二十四日的《東京日日新聞》的標題〈白米洪水灌入東京〉報導：

「在大地震後全國各地送到受災地的白米和其他糧食數量龐大，其中政府率先將貯存在農商務省阪神倉庫的五十萬石，經由海路送到芝浦，接著向各地採購的白米和捐贈米堆積如山，從危境中解救了因糧道暫時中斷而受災的市民。然而各地轉送的米糧越來越多，到現在為止已收集到約一百萬石，不只如此，神田川正米市場從數天前也接到一千袋、兩千袋米，陸續還有從各縣市轉送過來，如今帝都的狀態宛如處在白米洪水當中。」

所以牛丼用的米也已經在源源不絕的狀態。製作牛丼所需要的食材很快就能充足穩定，因而帶動了牛丼熱潮。

牛丼的魅力與第二次牛丼旋風

雖然遇到大地震，但是保有充足穩定食材的牛丼，以味醂和醬油將牛肉和洋蔥（不夠時改用蔥）烹煮後，盛在白飯上提供，填飽東京市民的肚子。而牛丼的價格相對上也較為便宜。前面引用的《讀賣新聞》（大正十二年十二月十日）中有「約有一千五、六百家賣起五錢到十五錢左右的『牛丼』店」，《新帝都看板考》中速寫的牛飯、牛丼大多是賣一碗十錢，該書中除了牛飯與牛丼外，還畫了各種小吃店的招牌，掛麵、冷麵為五錢到十錢，壽司一貫五錢，天丼大多是二十錢到三十錢，鰻魚丼賣三十錢（圖76）。

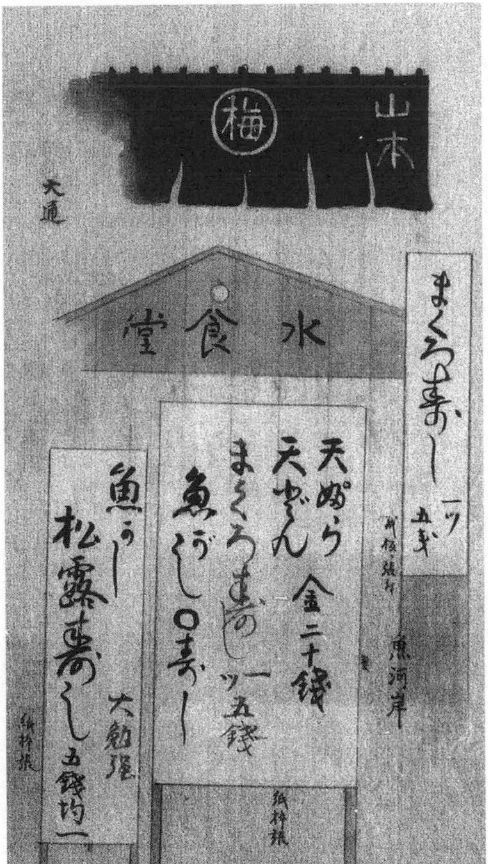

圖76 這家店「天婦羅、天丼，金二十錢，鮪魚壽司，一個五錢」的看板。《新帝都看板考》（大正12年12月）

牛丼便宜、分量足，又是食用方便的丼飯，所以成為「震災後唯一的美食，全天下」都在吃（《讀賣新聞》），牛丼扮演起災民救世主的角色。

如同《讀賣新聞》的報導：「主要是因為原為勞動工人等主食的牛丼，突然受到所謂上流階級的青睞，自此之後在各地流行開來。」以關東大地震為契機，牛丼也受到上流社會人士的青睞，擴大了牛丼的愛好層。

在幾乎沒吃過牛肉的日本，卻因為幕末鎖國的結束，吃牛肉的風氣普及，開始吃起從江戶時代獸肉火鍋或軍雞火鍋衍生出來的牛肉火鍋。後來發展成牛丼，而牛丼又藉著關東大地震的契機，在東京市民之間廣泛的流行開來。隨著時代演進，昭和三十四年（一九五九）吉野家「築地一號店」的開張，促成松屋、食其屋等加入市場，發展成牛丼連鎖加盟店的型態，掀起第二次牛丼旋風，如今牛丼已成為日本人的國民美食了。

第五章

豬排丼的誕生

一 不吃豬肉的日本人

禁止養豬令

日本人在很長的歲月中，不吃豬排丼使用的豬肉，甚至比牛肉更久。據稱彌生時代人們養過豬（《食的考古學》平成二十二年），因為從彌生時代的遺跡中挖出過豬的骨頭，而文獻上也能證明日本人自古就養豬。《播磨國風土記》的〈賀毛郡〉（和銅八年〈七一五〉時）中有載：

「猪養野，右，號豬飼者，難波高津宮御宇天皇之世，日向肥人，朝戶君，於天照大神坐舟，攜猪前獻，乞求飼育之所。仍所賜此處，而放飼猪，故曰猪飼野。」

說明了「猪養野」（兵庫縣小野市）之名的由來。有個名叫「朝戶君」的人在天照大神所賜的土地上飼養豬隻，所以將它命名為「豬養野」。《萬葉集》卷第二（八世紀後半）中亦有「白雪勿頻降，只應淡淡揚，否則皇女冷，吉隱豬養岡」。由詩可知在「吉隱」（奈良縣櫻井市東部）有「豬養之岡」這個地方。

此外，也有部民（譯註：為皇家、貴族提供勞役或進獻生產物的人）飼養進獻給朝廷的豬，《日本書紀》〈雄略紀〉（養老四年，七二〇）中有「豬使部」的名稱，《古事記》〈安康記〉（和銅五年，七一二）中也有「吾乃山代之豬甘也」。

由於古代的文獻裡「將棲於山野者標記為猪，同時亦將飼養者標記為猪」（《日本古代家畜史》昭和五十七年）。所以文獻中所見的「猪」應視為豚無誤。（譯註：現在日文的漢字「猪」單指山豬，飼養的豬隻稱為「豚」）

從文獻看起來，在日本，豬的飼養應已成定論，但是沒想到養豬事業卻越漸困難。元正天皇在養老五年（七二一）七月二十五日下詔：「諸國雞豬，悉放本處，令遂其性。」（《續日本紀》延曆十六年，七九七），禁止養豬。後來見百姓並未貫徹這項命令，聖武天皇又於天平四年（七三二）七月六日下令買豬放生山野：「詔，和買畿內百姓畜豬四十頭，放於山野，令遂性命。」（《續日本紀》）

實踐佛教慈悲為懷的教誨。所以日本在還沒有習於養豬食用之前，在奈良時代就已經不再有人養豬。

養豬復活

到了室町時代，出現了豚的名字，《文明本節用集》（室町中期）中有「家豬」二字，是豚這個名字最早出現的例子，表示在家中飼養的豬，但實際上有沒有圈養不得而知（圖77）。繼而，耶穌會傳教士編纂、在長崎發行的《日葡辭

圖77 「家豬」的字樣（左下）。右側與左側分別標示「buta」和「ie, inoko」的讀音。《文明本節用集》（室町中期）

典》（慶長八年，一六〇三）中出現「Buta，家之豬。在家中飼養之豚。」長崎有很多外國人乘船到訪，所以百姓養豬大概是作為他們的食物吧！

到了江戶時代，可以確定民眾養豬。在《本朝食鑑》（元祿十年，一六九七）中記載：

「豬：讀音布多。（略）豬乃處處畜之，多為避棄溝渠之穢，豬喜食溝渠庖廚之穢汁，日日肥腯，又食物至寡，易畜養，或殺豬以養獒犬。獒犬善獵，公家常庭養之。」

文中可知各地已有飼養豬，但是養豬的目的並非為了食用，大多是為了淨化下水溝的髒汙和廚房排出的汙水。也有人殺豬作為獵犬的獵餌。外科醫生也會養豬用於解剖。有川柳詞云：「外科家中豬，飼以求死身」（柳一，明和二年）、「生死早已拋，外科家之豬」（柳九六，文政十年）

除了長崎，其他地方養豬也都是為了這些功能，《和漢三才圖會》（正德二年，一七一二）中收有豬的圖畫，並且敘述：

「豕：（略）竊思豕以易畜養，長崎及江戶處處多有之。然本朝不好肉食，又非值得玩賞者之故，近年畜養者希，且豕猪皆有小毒，與人無益。」（圖78）

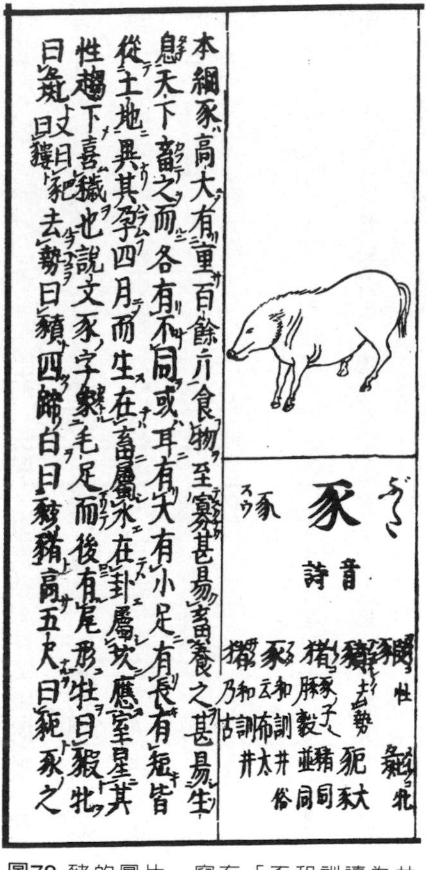

圖78 豬的圖片。寫有「豕和訓讀為井（i），俗稱布太（buta）」。《和漢三才圖會》（正德2年）

日本人不愛吃肉食，所以近年飼養的人不多，而且豬有小毒，對人沒有好處。但是江戶養豬者漸多，在《本草綱目啟蒙》（享和三年〔一八〇三〕～文化三年〔一八〇六〕）中有「東都畜者多，京稀也。」

開始吃豬肉

安永年間（一七七二～八一），江戶出現了吃獸肉進補的獸肉店。安永七年的洒落本《一事千金》有這樣一句話：「秋天以紅葉配牡丹之吸物，這世道已是如此風雅。」從中看得出對獸肉的厭惡感產生了變化。有店家將鹿肉稱為「紅葉」，山豬肉稱為「牡丹」，把獸肉煮在清湯（吸物）裡供客人享用。《書雜春錦手》（天明八年，一七八八）也描寫了拉門上寫著「牡丹、紅葉、御吸，壹錢十六文」的獸肉店（圖79）。

當時人會吃山猪肉，所以應該也開始吃豬肉了，不過佐藤信淵的《經濟要錄》（文政十年）中寫：

圖79 獸肉店。從店裡出來的男子右手提著一包獸肉。右側看起來像武家僕人的男子正準備走進店，說：「還有點溫吧！」《書雜春錦手》（天明8年）

「近來世上養豕者頗多，將畜養法善加精致，可蕃息（繁殖）更多。清淨食物畜之者其味極上品。非其他獸肉所能及，且食豕最能溫暖強壯身體，為老人補養不可缺乏之要物。」

他認為豬肉味道極為上品，不論什麼獸肉都不能企及，而且有益身體，是老人不可或缺的必須品。

在《經濟要錄》撰寫的文政年間（一八一八～三〇），現實中人們已在吃豬肉了，牛丼一章介紹的漢學家松崎慊堂（明和八年～天保十五年）（二一五頁），他的日記《慊堂日曆》屢次留下吃豬肉的記錄。文政七年四月二十九日「路過井齋府食豚羹。」（井齋是蘭方醫十束井齋）、文政八年十一月二十四日「赴堅田世子宅，夜飲，進三碗豚羹，大吐。」（堅田世子為堅田藩的少主）、文政十年十一月二十七日「黃昏雨變雪，諸生進贈豕肉，進飯，即臥。」、文政十一年正月十八日「蒙渡邊華山贈孫杕之朱竹並臨三幅，送劍菱酒一斗，同飲。（略）日晡（傍晚）做豚肉啜酒。」（渡邊華山是蘭學家兼畫家）、同年二月八日「掖齋來，示其度量衡考。極精。對讀終，煮豚肉進酒。」（掖齋是國學家、考證學家狩谷掖齋）、文政十三年正月二十一日「林長公贈豚饌一盤、魚醢（一名曰酒賊。尚未確定為何物。）」（林長公為儒學家林檉宇，酒賊是指酒盜：鹽漬鮪魚內臟）、同年十二月二十四日「昏刻，梧南林少公贈豚肉、酒、蔥，示秋懷韓韻十一首。」（梧南林少公即儒學家林復齋，林檉宇之弟）

松崎慊堂與蘭方醫一同吃豬肉湯，與蘭學家、國學家喝酒、吃豬肉料理，弟子或儒學家贈他豬肉，大名宅邸招待他喝豬肉湯。漢學家、蘭學家、儒學家等之間都吃豬肉。

吃豬肉的時節多在十一月到二月之間的寒冬，難怪佐藤信淵說「最能溫暖強壯身體」。

外食的地方吃豬肉火鍋

在外食的場所也吃得到豬肉了，《守貞謾稿》卷之五中寫道：「嘉永前，未有公開賣豬之事。嘉永以來，公開賣之。其招牌行燈以墨書曰，琉球鍋。」嘉永年間（一八四八～五四）已近幕末，店家會在燈籠上以墨寫著「琉球鍋」賣豬肉火鍋。

實際上確實有人在外食的場所吃豬肉，紀州藩的執勤武士酒井伴四郎在江戶期間記錄的日記《江戶發足日記帳》中，於萬延元年（一八六〇）八月十八日處寫道「余以豕鍋飲酒一合歸」，同年十月二十五日也記述「赴天神參拜，其前以泥鰍、豕鍋飲酒貳合」。

到了幕末已有提供豬肉火鍋的店家，不過如同「食肉之流行自鳥鍋變化為豚鍋，然後牛鍋」（《月刊食道樂》明治三十九年八月號）這句話，由於牛肉火鍋鋒頭太健，不太容易看得到豬肉火鍋，反倒是炸肉排比豬肉火鍋更得人心，炸肉排普及後不久便發展成豬排丼。

二　炸肉排的普及

炸肉排名稱的出現

炸肉排（Katsuretsu）源自於英文的Cutlet，Cutlet英文的意思是切成薄片的肉，但在英國，是指將小牛肉或羊肉片抹上鹽和胡椒，按順序敷上麵粉、蛋黃、麵包粉等麵衣，以牛油兩面煎熟，呈現金黃色的料理。

萬延元年（一八六〇），福澤諭吉在舊金山港口買到清國人編撰的《華英通語》（中英辭典），當年之內就將它翻譯成日文出版為《增訂華英通語》。這本辭典中的「炮製類」（烹調法）中有「Cutlet 吉列」（圖80），並且附帶讀音「柯茲特列特」，它就是炸肉排，也是最早向日本介紹炸肉排的紀錄。但是「吉列」沒有語譯，只列出原文，那是因為福澤諭吉在這本書的注意事項中已先聲明：「若其中單字名稱不詳，或雖有類似但不確定其符合者則不翻譯。」像「吉列」，他並不了解那是種什麼烹調法。

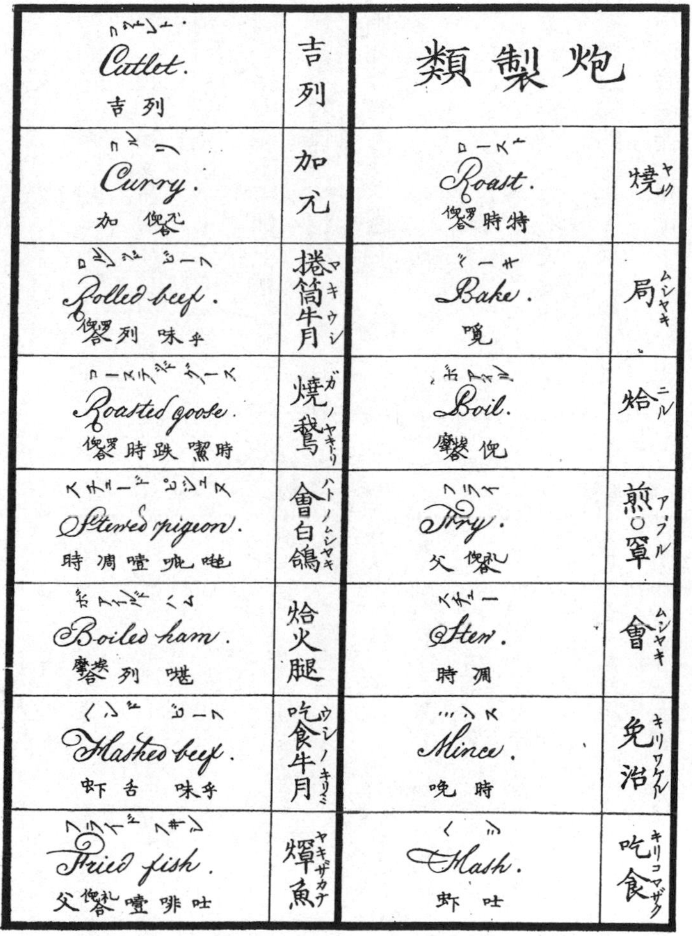

炮製類		吉列	Cutlet. 吉列
燒	Roast.	加兀	Curry.
局	Bake.	捲筒牛月	Rolled beef.
烚	Boil.	燒鵝	Roasted goose.
煎〇罩	Fry.	會白鴿	Stewed pigeon.
會	Stew.	烚火腿	Boiled ham.
免治	Mince.	吃食牛月	Mashed beef.
吃食	Mash.	熠魚	Fried fish.

圖80 記載了cutlet的辭典。在「炮製類」（烹調方法）當中。《增訂華英通語》（萬延元年）

這意味著日本並沒有相當於炸肉排的烹調方法，到了明治時代，出現了「油煮」這種烹調法。敬學堂主人的《西洋料理指南》（明治五年）：油煮小牛犢，如圖將牛肉切開，剔除骨的部分，拍打肉的部分，麵粉作為第一衣，雞蛋黃作為第二衣、焙麥餅粉作為第三衣，浸入融解的牛脂中煮之。又羊與豬與前一條之法相同。」介紹了小牛肉、羊肉、豬肉按順序鋪上麵粉、蛋黃、麵包粉等麵衣，以牛脂油炸的方法（圖81）。

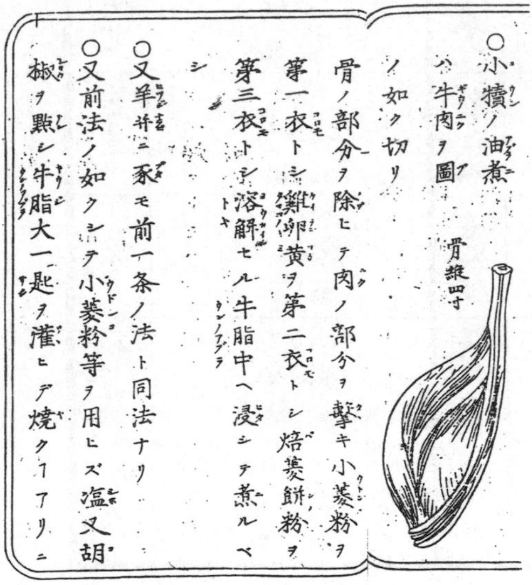

○小犢ノ油煮
小牛肉ヲ圖ノ如ク切リ

骨ノ部分ヲ除ヒテ肉ノ部分ヲ撃キ小麦粉ヲ第一衣トシ鶏卵黄ヲ第二衣トシ焙麦餅粉ヲ第三衣トシ溶解セル牛脂中ヘ浸シテ煮ルベシ
○又羊并ニ豕モ前一条ノ法ト同法ナリ
○又前法ノ如クシテ小麦粉等ヲ用ヒズ塩又胡椒ヲ點シ牛脂大一匙ヲ灌ヒデ焼クヿアリ

圖81 記載「小犢之油煮」的食譜書。《西洋料理指南》（明治5年）

這裡，炸肉排用「油煮」來表現，但不久後就直接稱為炸肉排了。炸肉排是從西餐廳開始使用，在《東京流行細見記》〈茶部屋多

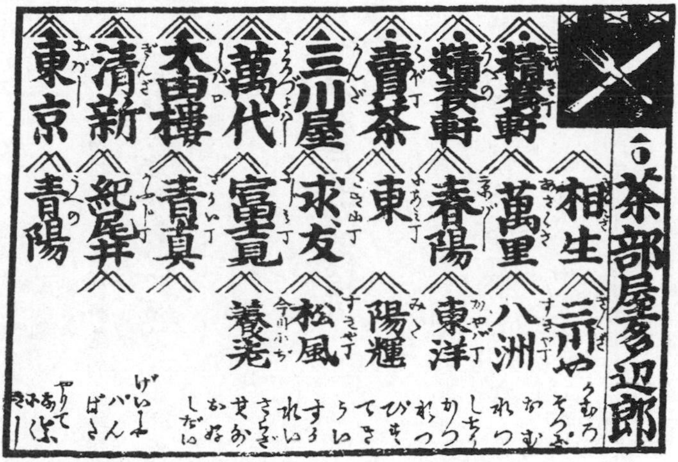

圖82 西餐廳的排行榜。店名下方看得到「炸肉排」的字樣。《東京流行細見記》（明治18年）

邊郎〉（明治十八年）為精養軒等西餐廳做了排行榜，店名下列出的菜單中有「濃湯、歐姆蛋、燉菜、炸肉排、牛排、咖哩飯、沙拉，其他客人可隨意點餐」，其中可見「炸肉排」的名字（圖82）。

坪內逍遙在《未來之夢》（明治十九年）描寫一位青年走進西餐廳點菜，因為專注傾聽別人說話，還沒來得及碰到「炸肉排」，就被撤下而懊惱萬分的景象：「任由刀與肉叉遨遊，可惜唯獨炸肉排一盤，連一點味道都沒嘗，便被奪走。」炸肉排是用刀叉來吃的。之後，炸肉排這名字便固定下來，《日用舶來語便覽》（明治四十五年）中有：

「炸肉排，：西洋料理的一種。Cutlet（英）肉片之意，西洋料理中有炸牛肉排、炸豬肉排之稱呼。按字面的意思，為牛肉片與豬肉片之意。（卡拉雷特）」

薄肉片的炸肉排

日本也倣效英國，油炸薄肉片，《洋食料理法獨案內》（明治十九年）中寫：「牛肉排的煎法：上肉切薄，方法如右。」所謂的「方法如右」是指薄肉片沾上麵粉、蛋液、麵包粉後油炸的方法。豬肉的作法也相同，《輕便西洋料理法指南》（明治二十一年）中也刊載了牛肉與豬肉炸肉排的作法。「炸牛肉排：牛里肌肉、腰內肉不論哪種，一斤（六〇〇公克）切成四塊，去筋（帶脂肉保留），用柴刀或長頸瓶，由切斷面將肉拍薄延展，肉的兩面撒上鹽和胡椒，調味，抹上太白粉、蛋黃、麵包粉，在鍋裡倒入油，其量約為蓋過肉片的程度，待沸騰，放入肉，兩面煎之，未燒焦前取出，瀝去油後上桌。」、「炸豬肉排：豬里肌肉一斤切成四塊或五塊，切去帶脂肉，如同牛肉排作法將肉拍薄，熱油炸熟，炸羊肉排的作法也相同。」

豬肉切成一二〇～一五〇公克大小，拍薄後使用。《西洋料理指南》（明治五年）中已介紹過「豕」的「油煮」，不過，這裡直接說明「炸豬肉排」的作法。炸油量不多，只到「蓋住肉的程度」。

炸肉排雖然會用豬肉，但是它用的豬肉要切成薄片，《珍味隨意素人料理》（明治三十六年）則提醒讀者「豬肉的炸法，此肉可乾炒也可做油煎薄片肉（即炸肉排），只要切成薄片煎炒到全熟即可」。

不久，到了明治末期，民眾學會炸厚切的豬肉排，發展出日本獨有的炸肉排（炸豬排〔Tonkatsu〕）。

厚度增加的炸肉排

明治四十二年（一九〇九）出版的《四季每日三食料理法》中介紹豬里肌肉一百匁（三七五公克），切四片厚二分（約六釐米）的平整肉片，鋪上麵衣，在煎鍋中放入牛油或豬油加熱，然後把上了麵衣的豬肉從鍋邊滑入油炸的方法。而關於炸油的量，它說明「炸油的份量，不管肉的份量是三百目或一百目，都用約二百目（三七五公克）的牛油或豬油。」

這裡教的方法並不是拍薄豬片，而是切成六釐米厚，以大量的油煎炸，發展出不同於英式，日本獨有的炸法。

進而在大正元年出版的《和洋家常菜料理》中的〈炸豬排〉寫道：

「首先，將豬肉切成魚片的厚度，撒上鹽和胡椒，用餛飩粉捲起，蛋黃打散後，將肉浸於其中，然後再其上以麵包粉為麵衣。接著用手將麵包粉壓平後，使用胡麻油或豬油，油炸成普通的天婦羅。炸好後擱於西洋紙上即可。」

所以，使用的是從江戶時代用於天婦羅的胡麻油，「炸成天婦羅狀」。炸肉排汲取了傳承自江戶時代的炸天婦羅技術，進化成有厚度，口感豐富的炸豬排。著名的小說、劇作家菊池寬談起明治四十五年，從四國的高松到東京讀高中時，緬懷高一寄宿生活中吃到厚切炸豬排的美味：

「我們最大的享受，最後只不過是到處品嘗關東煮或是西餐，然而，用僅少少的金錢，與意氣相投的夥伴一起吃吃逛逛，真是愉快。當時，一白舍的炸豬排，是我們眼中最可口的美食。十二錢的厚切豬排，對我們來說，著實美味。」

炸豬排配伍斯特辣醬

吃炸豬排時的調味料，使用醬油、鹽、肉汁（Gravy Sauce）、蕃茄醬，和加了鹽的檸檬醬汁等。不過在明治末年，人們開始用伍斯特辣醬。前面引用的《四季每日三食料理法》（明治四十二年）中有：

「此炸肉排需淋上西洋的醬油——伍斯特辣醬，如果沒有伍斯特辣醬，用日本的醬油加少許辣椒醬煮沸，再注入日本醋亦可代替。」建議讀者使用進口的伍斯特辣醬。大正三年的《家庭料理講義錄》〈炸牛肉排〉也提到「加上伍斯特辣醬上桌。」

由此可知從明治末年到大正年間，已有人懂得用伍斯特辣醬了。伍斯特辣醬誕生於英國西南部伍斯特郡（現與鄰郡赫里福德郡合併，稱為赫里福德─伍斯特郡〔Hereford and Worcester〕）郡治伍斯特，因而得此名。最早是在一八三七年李（Lea）與佩林斯（Perrins）二人販賣（The Secret Sauce: A history of Lea & Perrins, 1997，圖83。而且，這種名為「Lea & Perrins Worcestershire Sauce」的醬現在還有進口）。後來，其他公司也製造出伍斯特辣醬，從英國進口到日本。無法確定它進口到日本的時期，但明治初年應已進口到市面上。明治五年發行的《西洋料理指南》描寫桌上調味料組的「罈子」（瓶子），關於其中「八」的那瓶，說明：「為醬油。此品我國無有，較我醬油高級，使用舶來品。」（圖84）這應該就是伍斯特辣醬。

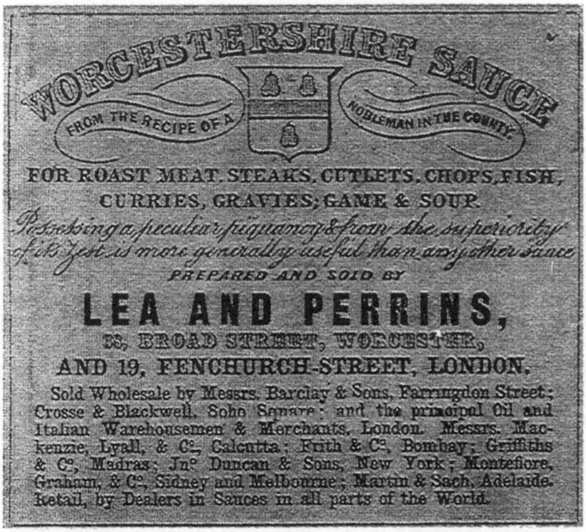

圖83 1850年代初期LEA & PERRINS的商標。" The Secret Sauce: A history of Lea & Perrins"（1997年）

據《丸善百年史》上卷（昭和五十五年）中所說，丸善的批發部門——丸善唐物店編寫的明治二十～二十一年「和洋品行情表」記載了進口「伍斯特辣醬」。明治二十九年出版的《西洋料理法》也刊出進口品類的價格，說明「物價按當時貨幣行情而有高低，但是大概是這個價位。」書中將伍斯特辣醬與奶油、咖哩粉

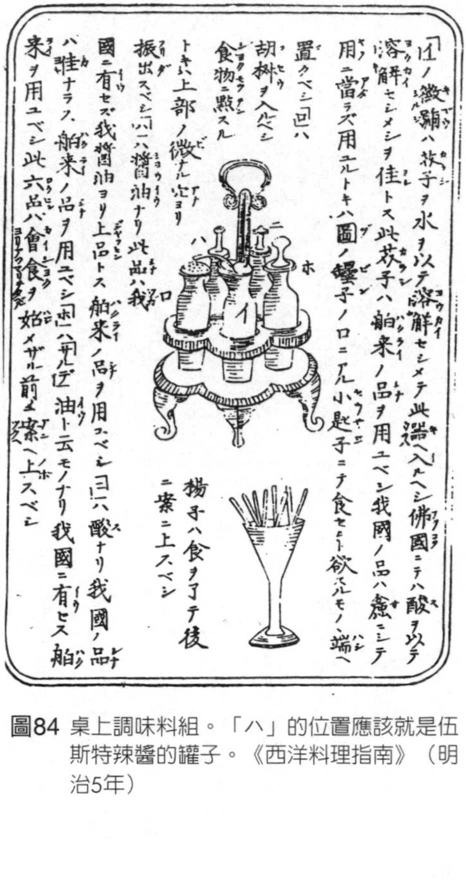

圖84 桌上調味料組。「ハ」的位置應該就是伍斯特辣醬的罐子。《西洋料理指南》（明治5年）

並列「小瓶一瓶三十錢左右（伍斯特辣醬）。」明治二零年代進口的伍斯特辣醬在市面上已有出售。

進口的伍斯特辣醬上市未久，國產品也開始製造，最早注意到伍斯特辣醬的是Yamasa醬油，明治十八年製造出廠，命名為「Mikado Sauce」。但Sauce這個詞在當時很難打入民眾的生活，所以用「新味醬油」的商標銷售，一年後停產。

「Mikado Sauce」停產後過了十年，國產辣醬接二連三的上市。明治二十七年有三箭辣醬，二十九年錨記辣醬（現在的伊卡力辣醬）、三十年矢車辣醬、三十一年白玉辣醬、三十三年日出辣醬、三十八年狗標辣醬、三十九年ＭＴ大町辣醬，四十一年可果美辣醬、四十五年天鵝辣醬，明治後期可以說是日本辣醬百家齊放的年代。（《調味料・辛香料辭典》平成三年）

伍斯特辣醬從進口品走入國產品的時代，生產出日本獨特的伍斯特辣醬。到了昭和二十六年（一九五一）還發展出豬排專用的豬排醬（濃稠口味）。

伍斯特辣醬與炸豬排十分對味，而且容易取得，它的普及也使炸豬排成了生活常見的一道料理。

三　炸豬排名稱的出現

豬肉的消費量增加

受到幕末開國後歐美人的飲食文化影響，肉食普及開來，但是，肉食的中心是牛肉，明治十年牛的食肉處理量達六千五百一十四頭，相對的，豬肉只有六百一十三頭。（《明治十年東京府統計表》明治十一年）之後，豬肉的消費量逐年增加，到明治三零年代後半，食肉處理量已接近牛肉。《風俗畫報》第三三九號（明治三十九年四月二十五日）中以〈東京市民的食肉量〉為題，刊登了下列的報導：

「肉食的發達隨著年月日益昌盛，其中，豬肉的需求自明治三十八年以來呈現顯著的增加。明治三十七年因日俄戰爭，陸海軍買斷了大量的牛豬肉，對市內生肉造成極大影響，價格漲至史上天價，乃至需求者出現減少。隨著戰事告終，近日行情逐漸下滑，需求量也漸漸增加，然而向主管機關調查去三十八年東京市食肉消費量，資料如下：

牛	東京屠宰	二二、五九二頭	合計二二、八一九頭
	外地進口	二二七頭	
馬	同	五、八二二頭	合計五、八六七頭
	同	四五頭	
豬	同	二一、七〇二頭	合計二一、八四九頭
	同	一四七頭	

」

牛與豬的食肉處理量不相上下，但是到了明治四十二年，數量出現了反轉，牛的食肉處理量為二萬二千一百三十八頭，而豬肉達三萬八千六百一十頭。

（《東京府統計書》第三卷，明治四十三年）

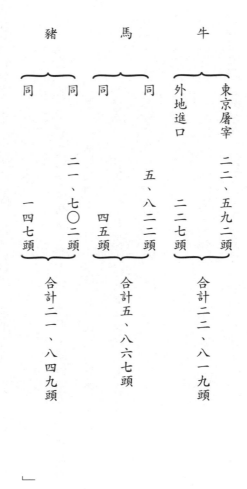

出現了炸豬排的名稱

在豬肉消費量逐年遞增當中，出現了炸豬排（Tonkatsu）的名稱。永井荷風在《紅茶之後》〈銀座〉（明治四十四年七月）一文中談到：

「在此地，有人說到帝國飯店吃西餐，還不如聞小攤旁站著吃炸豬排的飽嗝。因為小攤吃的油炸豬肉已洗脫了西洋風味，然而與傳統的天婦羅卻不相牴觸，進而成為另一種嶄新的食物。與蜂蜜蛋糕和鴨肉南蠻麵經長崎進入內地，自然而然演化成日本口味是同樣的道理。」

這是炸豬排一語出現極早的例子。他說，有人寧可嗅聞小攤炸豬排的香味，也好過帝國飯店的西餐。從此文可知這時候攤販已會炸豬排了。

天婦羅的濫觴起於小攤，如同〈天丼的誕生〉一節的說明（一〇〇頁），這是因為炸天婦羅是適合攤販的經營型態，而炸豬排可以說也有同樣的性質。

用整鍋油炸好豬排販賣，會不會也是從小攤販開始的呢？大正十五年十一月十日《東京朝日新聞》刊出攤販手輕洋食物屋的照片，說明文字寫「立食的歡樂、夜幕中的銀座小巷，從西餐攤子的門廉裡傳來『滋——』的聲音，炸豬排的味道撲鼻而來。站在裡面的師傅聽著走唱藝人的小提琴聲，心情甚是愉快。」（圖85）

報導生動傳達出炸豬排時的聲音和香味，這正是荷風描寫的景象吧！

圖85 登在報紙上的立食西餐攤販。《東京朝日新聞》（大正15年11月10日）

高檔西餐店的炸豬排

炸豬排也出現在高檔西餐店的菜單中。

石角春之助（生於明治二十三年）在《銀座解剖圖》〈洋食單品料理時代〉（昭和九年），描述了西餐普及下，出現了提供單品料理的店。

「到了明治末期，西餐廳自然而然的，有別於套餐主義，開始提供單品菜色。尤其是瞄準學生客的神田、淺草，也能以一盤四錢、五錢的便宜價格提供。當然，在銀座一帶，高檔料理店一家一家開。從此以後，即使是套餐主義的店家也在風潮之下，將方針改變為單品料理，西式料理漸漸普及化。總之，單品料理的普及，意味著它成為大眾家常菜，也是它將與日本料理平起平坐的預兆。（略）我讀書的時候，非常愛吃油滋滋的炸豬排，只要手邊有錢就常常去吃。」

單品西餐普及，帶來了西式料理的大眾化，炸豬排成了熱門美食。作者石角春之助是在明治四十五年從明治大學法律系畢業，所以他描述的應是明治四零年代的狀況。杉韻居士的《東京的表裡，八百八街》〈新食傷新道〉（大正三年）中寫：

「從神田駿河台下的車站，往小川町方向走約二十公尺往右轉，（略）有一家單品西餐小川軒。一盤只要七錢到十五錢，心想恐怕味道或材料不佳，但是菜做得相當出色，成為附近出沒的學生或小伙計鍾愛的店。四面牆壁隨意掛著鏡子，整體上很有西餐廳的味道。料理中又以炸豬排賣得最多，算是這家店的招牌菜。歐姆蛋、牛排、燉菜、牡蠣等常見的菜色，不論到哪裡都十分暢銷。」

《銀座解剖圖》中的炸肉排改名成炸豬排，在神田一帶專做學生生意的單品西餐店中最受歡迎。

學生客多的牛奶店受到這股流行的影響，《東都新繁昌記》（大正七年）中述說了牛奶店轉業廉價西餐廳賣牛排、炸豬排的窘境：

「不只是神田，為什麼連其他地區做學生客的牛奶店數量都減少了呢？想來是因為近來的咖啡店打亂了牛奶店的市場，同時，以前學生只要牛奶和麵包就滿足，現在嘴卻越變越刁，牛奶店必須進化成隨時能端出牛排或炸豬排的廉價西餐廳，這恐怕也是原因之一吧！」

炸豬排的普及

到了大正時代，炸豬排這個字已是到處可見。長谷川濤涯的《東京的解剖》（大正六年）描寫了一名青年光顧淺草「酒吧」點了「生啤酒配炸豬排」的場面。原來連酒吧也吃得到炸豬排。岸田劉生在大正十一年四月十五日的日記中記載：「宵夜做了用米澤的肉的炸豬排和其他，配啤酒好吃極了！」在家裡也吃自己做的炸豬排（《劉生繪日記》第一卷，昭和二十七年）。

《大阪每日新聞》的記者在關東大地震後來到東京，報導了上野一帶的慘狀，他記述「順道到櫻丘的朋友家拜訪，他從精養軒叫了外賣炸豬排給我吃。」

(大正十二年十一月十八日)上野精養軒那種高級的西餐廳也把炸豬排放進菜單裡。辭典裡也出現炸豬排這個單字,《現代新語辭典》(大正八年)出現了:

「炸豬排:西餐的一種,指豬肉做的炸肉排,現代新語中的優秀詞彙。」

辭典將它定義為新詞中最優秀的詞彙(圖86),可知當時炸豬排這個詞具有全新的意涵。

豚(とん)**カツ**　西洋料理の一種。豚肉のカツレツのことをいふのであつて、現代式新語中の尤(ゆう)なる言葉である。

圖86 登有炸豬排說明的辭典。《現代新語辭典》(大正8年)

《社交用語字典》（大正十四年）中也收錄了「炸豬排」，說明炸豬排這個名字的由來：

「炸豬排：意為豬肉的炸肉排。炸肉排的英文是Cutlet，指小牛肉、羊肉的薄肉片。但如眾所知，在西式料理中它是稱油炸過的肉片。所以，牛肉的炸肉排就是Beef Katsu。」

英文的Cutlet成為日文中的Katsuretsu（炸肉排），既然是豬肉的炸肉排，所以組合為Tonkatsu（炸豬排）。

厚度增加的炸豬排

名稱從炸肉排轉變為炸豬排，厚度也有了增加。有名的小說家兼導演的獅子文六（明治二十六年～昭和四十四年）在〈炸豬排說理〉中說：

「東京一流的炸豬排店，發現能將如此厚的肉，炸得如此柔嫩而且熟度恰到好處的技術，想必需要相當用心的鑽研。許久以前，久保田萬太郎大師評價潘趣軒炸豬排的厚度與大小，讚它是『現代的驚異。』從那時候起，厚切炸豬排就在東京開始慢慢攻城略地，因而出現了專賣炸豬排的餐廳。」

（《飲、食、寫》昭和三十六年）

潘趣軒是御徒町車站附近的炸豬排店，山本嘉次郎談及：「聽當地的耆老告訴我，昭和初年，在宮內廳御膳房當差的人退休離職後，在上野御徒町開了一家西餐廳叫潘趣軒」（《日本三大洋食考》昭和四十八年）。昭和八年出版的《大東京美食走食記》的〈上野一帶〉介紹「潘趣軒（略）空間窄小，令人驚訝竟能在這裡吃到下谷最有名的炸豬排。只聞其名的人來到這裡，恐怕得費一番工夫才找得到。」久保田萬太郎稱讚它「現代的驚異」應該就是這個時候。

昭和初期誕生了相當有厚度的炸豬排，店家增加了肉排的厚度，進化成炸豬排，在炸豬排專賣店出現，進入在地化的過程中，豬排丼隨之誕生。

四　豬排丼的誕生

豬排丼開賣

炸豬排盛在丼飯上，就是一道豬排丼。

豬排丼有兩種口味，辣醬豬排丼和滑蛋豬排丼。辣醬豬排丼作法有在丼飯上放好豬排再淋辣醬，或將豬排在辣醬中浸一下，再放在丼飯上兩種方式。而滑蛋豬排丼，是把豬排肉和洋蔥用甜鹹醬汁煮熟，再用蛋花收尾，最後盛在丼飯上。

有關豬排丼的誕生，說法紛云。辣醬豬排丼方面，有一說出自歐洲軒在大正二年的創意，它的總店目前在福井縣，另一說認為早稻田高等學院的學生中西敬二郎在大正十年發想出來的。而滑蛋豬排丼口味，研究者堅持是早稻田的蕎麥麵店三朝庵在大正七年發明的。

這些說法都沒有留下當年的紀錄，所以無法證實，不過可以確定的是大正時代結束時，豬排丼已經出現。

西餐店的豬排丼

《大東京繁昌記》〈山手篇〉（昭和三年）收編了島崎藤村、高濱虛子、有島生馬、谷崎精二、德田秋聲等文人作家所寫的山手報導，其中，高濱虛子描寫了午間時分丸大樓混亂的情形：

「鐘聲一響，丸大樓內各辦公室朝著樓下食堂走去的群眾超乎想像，每座電梯都擠滿了人。而從電梯中吐出的人魚貫混入下方通過十字路口的人群，呈現出摩肩擦踵的戰鬥景象。也許這麼說太誇大了，總而言之就是混亂異常，我每天看著這種狀態，咧開嘴笑著想『如此這般擠來擠去，新與舊便漸漸調和為一了』。然而如此燦笑的我，突然與人相撞，又被甩到一旁，原本個頭就小的我，突然淹沒在人群中失去了存在。漸漸從群眾中鑽出來的我，好不容易在食堂的一角找到椅子，坐下來填飽肚子。既有賣便當、壽司、天丼、鰻魚丼、年糕紅豆湯、萩餅、蕎麥麵等的食堂，也有賣午餐、牛排、豬排、炸牡蠣、肉丸子、豬排丼等的西餐店。」

丸大樓於大正十二年二月二十日完工，高濱虛子在丸大樓尚未建完前，就租了其中一間，作為俳句雜誌《杜鵑》的發行處，完工後立刻進駐工作。

這篇文描寫的就是那時中午的景象，西餐店賣豬排丼。丸大樓的一樓有城堡西餐廳，地下一樓有中央亭西餐廳設店。炸豬排就是這兩家西餐廳供應的吧，顯示大正十二年時已在販賣豬排丼。

池田彌三郎以「炸肉排」為題憶述：

「還在三田讀書時，三田一帶有大和屋、明菓、白十字、三丁目、加藤、紅葉軒、三田吧等餐廳，我的午餐大都用這些店的炸肉排或豬排丼解決。（略）紅葉軒的豬排丼，淋的醬汁不知用了什麼祕方，好吃極了！三田吧的豬排麵衣薄，與其他不一樣，十分好吃！」（《我的食物誌》昭和四十年）

池田彌三郎在昭和六年（一九三一）四月進入慶應大學，昭和十二年畢業，因此應該是那段時期的經驗。這裡舉出的似乎是西式餐廳，「淋的醬汁好吃極了！」及「豬排麵衣薄，十分好吃！」

西式餐廳提供的豬排丼，大概是辣醬豬排丼。

食堂裡的豬排丼

豬排丼也出現在食堂的菜單裡，大地震後不久，速寫東京街頭看板的《新帝都看板考》（大正十二年十二月）中，畫出上野站附近懸吊的箱型看板，賣「豬排丼、牛丼」和「特製咖啡飯、豬肉湯」（大正十二年十月八日的速寫，圖87）。可以確定這個時期市面上已有豬排丼，可是大地震發生尚未滿月的混亂中，很難想像店家會想出「豬排丼」這種新菜色，所以可以推測，豬排丼應該在更早之前就有了。從營業品項來看，掛著這個招牌的似乎是大眾食堂。

百貨公司的食堂也可窺見豬排丼。時事新報社（新聞社）出版的美食指南

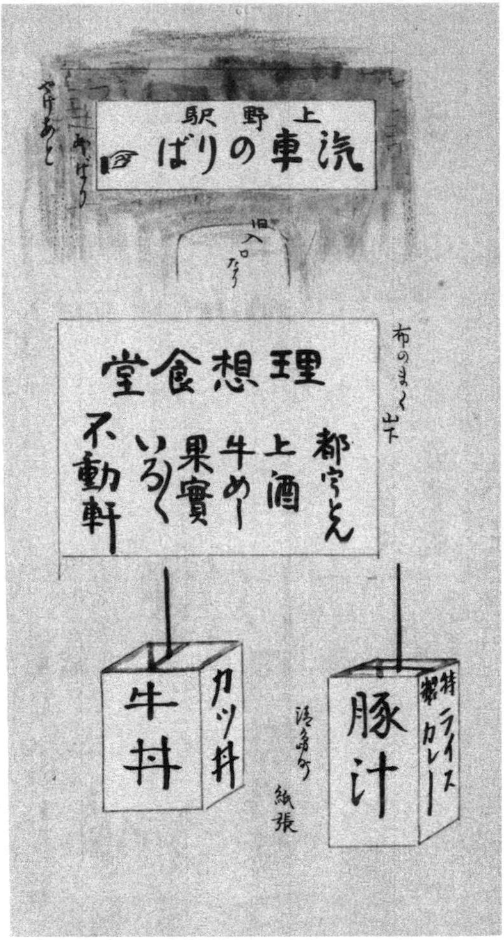

圖87 掛著豬排丼看板的店。《新帝都看板考》（大正12年12月）

《東京名產走食記》（昭和四年）刊載了家庭部記者的路邊美食報導，四名記者訪問了〈銀座松坂屋食堂〉，其中一人點了「炸肉排丼五十錢」，並且記述了感想：「這家食堂有很多各位吃的家庭口味菜色，這碗豬排丼也很符合這種調性，這種程度的菜，感覺家裡的廚房也做得了。」

此外，白木正光在《大東京美食走食記》（昭和八年）中介紹了澀谷道玄坂的食堂，「大致上是本鄉酒吧式食堂，豬排丼（二十錢），親子丼（十五錢）」可知這家食堂賣豬排丼和親子丼。

推測這種食堂賣的豬排丼，可能是滑蛋豬排丼吧！

五　豬排丼的普及

蕎麥麵店的豬排丼

另一方面，蕎麥麵店也賣起滑蛋豬排丼了。

東京都麵類協同組合為紀念協會創立五十年出版的《麵業五十年史》（昭和三十四年）中有有這段文字：

「（大正大地震後）大阪式的飲食店趁東京空虛之際，挾重資進駐銀座、淺草、新宿等的鬧街。（略）因此，我們的麵類即使以悠久的歷史與庶民性自豪，但是如果歸根結柢都是爭奪同一批顧客的商店，那我們做好心理準備，去對抗它，乃是勢在必行的事。因此，我們市內的店面幾乎全部改成三和土地板和桌椅，當然，郊外未燒毀的地區大多還是舊式的半手打式的店，但至少震災燒毀區域，幾乎無一例外的採用桌椅式，而且連販賣的品項，也增加了咖哩飯、豬排丼等重口味的食物。很可能此時不得不利用場地和店面來對抗外來勢力。」

關東大地震後，大阪飲食店挾帶重資進軍東京，東京蕎麥麵店產生危機意識，改建店面，在菜單中增加咖哩飯或豬排丼，試圖救亡圖存。

蕎麥麵店已有天丼和親子丼兩種丼來，只要把天丼炸天婦羅的技術，和親子丼的滑蛋雞肉技術應用在豬排丼上，就能簡單做出豬排丼。冷麵醬油可以用於豬排丼的湯底，蕎麥麵店推出豬排丼的條件俱已齊備，但是直到關東大地震後，豬排丼才在蕎麥麵店出場。

蕎麥麵店的數量龐大，大地震之後，雖不知有幾家蕎麥麵店，但是昭和十一年，據說有「二千五百餘家」蕎麥麵店加盟「大東京蕎麥商組合」（《麵業五十年史》。雖然少數幾家蕎麥麵傳統老店不提供丼飯，但是幾乎所有蕎麥麵店都賣豬排丼，豬排丼已經是日本人熟悉習慣的丼飯，豬排丼的普及，蕎麥麵店厥功甚偉。山本嘉次郎在《日本三大洋食考》（昭和四十八年）中說：

「不少人在低價食堂、麵店裡吃豬排丼，其中三分之一的人會分別點飯、炸豬排和蛋花，當作配菜來吃飯。我也依樣畫葫蘆，發現它相當好吃，甚至比豬排丼更好吃，因為可以自己調整味道。這種吃法叫做『分盤』。」

食堂和麵店提供的是滑蛋豬排丼，所以形成這種吃法。麵店和食堂開始賣滑蛋豬排丼之後，它便成為豬排丼的主流了。

食譜中豬排丼的作法

婦人之友社的《家庭經濟料理》（昭和九年，圖88）中收載了〈豬排丼〉的作法：

「（一）首先，將豬肉切成一口大小，炸成小塊肉排。
（二）洋蔥縱切成兩半，從背面切成碎末，用味醂、醬油、砂糖煮熟。
（三）在煮熟的洋蔥裡放進肉排，迅速將蛋汁澆入收尾。
（四）在丼碗裡裝好飯，把前面煮好的料適當的盛在飯上，加點綠意上桌。
綠意部分，青豆應是不錯的選擇。」

這本書中介紹的滑蛋豬排飯，列入「平時吃的家常菜」口味之一，另外還介紹了〈咖哩豬排丼〉的作法，從這裡可窺知這個時代，人們已把豬排丼當成常吃的家常菜之一，在家裡也常做。豬排丼用到了洋蔥，先前親子丼和牛丼都有用洋蔥，所以也應用到豬排丼上。

丼飯上以青豆作為點綴，青豆是明治初期從歐美引進推廣的豌豆品種，後被運用在豬排丼的綠意點綴上。

圖88 《家庭經濟料理》的封面。昭和9年

豬排丼是日洋合璧的料理傑作

親子丼雖然在豬排丼之前就已出現，但人們因而懂得用滑蛋來做牛肉丼飯。《飯百珍料理》（大正二年）中收載了〈養子丼飯的烹調法〉提到「這道飯是加入牛肉，取代親子丼飯中的雞肉，它的另一個名稱叫做混血兒丼飯。」介紹在小鍋裡用味醂和醬油煮牛肉和洋蔥，以蛋花收尾，「在飯碗或丼碗裡盛滿八分飯，將料盛於其上」的作法。

幕末國門開放，日本人終於光明正大地吃起牛肉和豬肉，但是喜愛的吃法卻各不相同，牛肉的吃法延續江戶時代獸肉鍋或軍雞鍋的牛肉火鍋受歡迎，相對的，豬肉卻是從英國傳入的炸肉排最得人青睞。最後，牛肉火鍋的作法發想出牛丼，而從炸肉排發想出炸豬排的名稱，進而在炸豬排上引進炸天婦羅的技術，創造出炸厚切豬肉的豬排丼。另外，炸豬排又活用了親子丼或「養子丼」的醬油、味醂煮肉、以滑蛋收尾的烹調法，產生了豬排丼。而且，豬排丼還用了歐美傳進來的洋蔥，用日本的傳統調味料，烹煮來自歐美的炸肉排和洋蔥，可以說是日洋合壁的料理傑作，然而藉由蕎麥麵店和食堂將它收入菜單，時直今日，它已經完全日本在地化了。

牛丼藉由關東大地震的契機，掀起第一次牛丼旋風，後來，吉野家等連鎖牛丼店的出現，引發了第二次牛丼旋風，流行到全國。豬排丼既沒有發動這麼劃時代的熱潮，而且豬排丼專賣店也遲至近年才產生，然而，它能以平易的價位就飽餐一頓，不論哪家店，口味都不會有太大差異，因而漸漸成為受日本人鍾愛的一大丼飯。

尾聲

我想，應該有不少人愛吃鰻魚丼、天丼、親子丼、牛丼和豬排丼吧！我也經常靠著這五大名丼飯滿足胃袋，一有機會就會去品嘗從悠長歷史培育出來的魅力滋味。

因此，寫這本以五大名丼飯為主題的書是件愉快的工作，然而遇到的障礙也很多，因為對以往把研究重心放在江戶期間的人來說，這次找的史料大多是明治時代以後，而明治時代後的史料數量龐大，不僅是小說、散文，連江戶時期沒見過的雜誌、報紙也都必須過目。

埋頭在大量的各種史料中，一轉眼就過了三年的歲月，由於一時貪心，想把五種丼飯都收集在一本書中，所以尚有很多缺乏查證，或是寫了一半就沒下文的篇章，只要一想到重點是寫出來付梓，就不自覺地擱筆了。

雖然本書引用了許多江戶時代和明治時代的文獻，但部分為了好讀易懂而做了改寫，若想查看原文，書末提供了〈參考史料・文獻一覽〉，若是本書能對讀者探尋丼飯文化有些許助益，則甚感欣慰。

本書出版時，在許多方面得力於先前出版《居酒屋的誕生》、《蕎麥麵、鰻魚、天婦羅、壽司：江戶四大美食的誕生》（同為筑摩學藝文庫）的編輯藤岡泰介先生的協助，從校對到插畫的版型，甚至提供了未看過的史料。另外，對於進展緩慢的稿子，他也不斷地給我鼓勵和建言，激勵我繼續寫作，因此藉此機會向他表達最深的感謝。

二〇一九年七月　飯野亮一

參考史料・文獻一覽

『安愚楽鍋』仮名垣魯文　誠之堂　明治四～五年　岩波文庫　昭和四十二年
『海人藻芥』恵命院宣守　応永二十七年（一四二〇）『群書類従』28　平成三年
『一外交官の見た明治維新』下　アーネスト・サトウ　一九二一年　岩波文庫　昭和三十五年
『一事千金』田にし金魚　安永七年（一七七八）『洒落本大成』第八巻　中央公論社　昭和五十五年
『いろは引節用辞典』大田才次郎編　博文館　明治三十八年
『いろは引江戸と東京風俗野史』巻の一　伊藤晴雨　六合館　昭和四年
『いろは分家庭料理』浅井伝三郎　女子家庭割烹実習会　大正元年
『虚言弥次郎傾城誠』市場通笑作・鳥居清長画　安永八年（一七七九）　国立国会図書館蔵
『うなぎ』吉岡保五郎編　全国淡水魚組合連合会　昭和二十九年
『鰻・牛物語』植原路郎　井上書房　昭和三十五年
「江戸発足日記帳」酒井伴四郎　万延元年（一八六〇）『地図で見る新宿区の移り変わり』四谷篇　昭和五十八年
「江戸自慢蒲焼茶漬番附」江戸後期　東京都立中央図書館蔵
『江戸の食生活』「天麩羅と鰻の話」三田村鳶魚　『江戸読本』昭和十四年八月号　『三田村鳶魚全集』第十巻　中央公論社　昭和五十年
『江戸の夕栄』鹿島萬兵衛　紅葉堂書房　大正十一年　中公文庫　昭和五十二年
『江戸は過ぎる』河野桐谷編　万里閣書房　昭和四年
『江戸繁昌記』初篇　寺門静軒　天保三年　『新日本古典文学大系』100　岩波書店　昭和六十四年
「江戸前大蒲焼」鰻鱣堂　嘉永五年（一八五二）　東京都立中央図書館蔵

『江戸見草』小寺玉晁　天保十二年　『鼠璞十種』第二　国書刊行会　昭和四十五年
『江戸名所図会』斎藤幸雄作・長谷川雪旦画　天保五～七年（一八三四～三六）『日本名所図会全集』名著普及会　昭和五十年
『江戸名物詩』方外道人　天保七年（一八三六）　東京都立中央図書館蔵
『絵本江戸大じまん』著者不詳　安永八年（一七七九）東京都立中央図書館蔵
『絵本江戸名所』十返舎一九　文化十年（一八一三）　国立国会図書館蔵
『絵本続江戸土産』鈴木春信画　明和五年（一七六八）有光書房　昭和五十年
『鶯亭金升日記』花柳寿太郎・小島二朔編　演劇出版社　昭和三十六年　国立国会図書館蔵
「大阪朝日新聞」明治十七年九月六日（「聞蔵Ⅱビジュアル」朝日新聞社）
「大阪毎日新聞」大正十二年九月十七日
『御触書寛保集成』高柳眞三・石井良助編　岩波書店　昭和三十三年
『親子草』喜田順有　寛政九年（一七九七）　『新燕石十種』第一巻　中央公論社　昭和五十五年
『女嫌変豆男』朋誠堂喜三二作・恋川春町画　安永六年（一七七七）国立国会図書館蔵
『開歌新聞都々一』明治七年頃　『明治文化全集』「風俗篇」　日本評論新社　昭和三十年
『街談文々集要』石塚豊介子　万延元年（一八六〇）『近世庶民生活史料』　三一書房　平成五年
『書雑春錦手』雀声　天明八年（一七八八）　国立国会図書館蔵
『春日権現験記絵』高階高兼画　延慶二年（一三〇九）　『日本絵巻全集』16　角川書店　昭和五十三年
『家中竹馬記』伊豆守利綱　永正八年（一五一一）　『群書類従』23　続群書類従完成会　平成五年
『家庭経済料理』沢崎うめ子　婦人之友社　昭和九年
『家庭実用献立と料理法』西野みよし　東華堂　大正四年
『家庭日本料理』越智キヨ　六盟館　大正十一年
『家庭日本料理法』赤堀峯吉他　大倉書店　大正六年

『家庭料理講義録』東京大正割烹講習会　大正三年
『金草鞋』十五編　十返舎一九　文政五年（一八二二）　大空社　平成十一年
『彼女とゴミ箱』一瀬直行　交蘭社　昭和六年　国立国会図書館蔵
『簡易料理』民友社　明治二十八年
『寛至天見聞随筆』稲光舎　天保十三年　『随筆文学選集』第四　書斎社　昭和二十四年
『官府御沙汰略記』小野直方　延享二年〜安永二年（一七四五〜七三）　文献出版　平成四年〜六年
『嬉遊笑覧』喜多村信節　文政十三年　岩波文庫『嬉遊笑覧』（五）平成二十一年
『牛鍋』森鷗外　明治四十三年一月　『名家傑作集』第十二集　春陽堂　大正六年　国立国会図書館蔵
『旧聞日本橋』長谷川時雨　岡倉書房　昭和十年　岩波文庫　昭和五十八年
『狂歌江戸名所図会』天明老人内匠編・広重画　安政三年（一八五六）　『江戸狂歌本選集』第十三巻　東京堂出版　平成十六年
『狂歌四季人物』歌川広重　安政二年（一八五五）　国立国会図書館蔵
『仰臥漫録』正岡子規　岩波書店　大正七年　岩波文庫　昭和二年
『享保撰要類集』享保元年〜宝暦三年（一七一六〜五三）　『旧幕府引継書影印叢刊』1　野上出版　昭和六十一年
『玉滴隠見』成立年不詳（天正元年〜延宝八年〈一五七三〜一六八〇〉の雑史）　国立国会図書館蔵
『金々先生造化夢』山東京伝作・北尾重政画　寛政六年（一七九四）　国立国会図書館蔵
『銀座解剖図』石角春之助　丸之内出版社　昭和九年　国立国会図書館蔵
『銀座十二章』池田弥三郎　朝日新聞社　昭和四十年　朝日文庫　平成十九年
『近世職人尽絵詞』鍬形蕙斎　文化二年（一八〇五）　国立国会図書館蔵
『近代日本食物史』昭和女子大学食物学研究室　近代文化研究所　昭和四十六年
『食いしん坊2』小島政二郎　文化出版局　昭和四十七年

『くるわの茶番』楚満人　文化十二年　『洒落本大成』第二十五巻　中央公論社　昭和六十一年
『経済要録』佐藤信淵　安政六年（一八五九）　岩波文庫　昭和三年
『軽便西洋料理法指南』松井鉉太郎　新古堂書店　明治二十一年　国立国会図書館蔵
『月刊食道楽』有楽社　明治三十八年五月号　明治三十八年七月号　明治三十八年十一月号　明治三十九年八月号　明治四十年一月号
『現代新語辞典』時代研究会編　耕文堂　大正八年　国立国会図書館蔵
『建内記』万里小路時房　『大日本古記録』（東京大学史料編纂所編纂）　岩波書店　昭和四十九年
『紅茶の後』「銀座」永井荷風　明治四十四年七月　『荷風全集』第十三巻　岩波書店　昭和三十八年
『慊堂日暦』松崎慊堂　『平凡社東洋文庫』全六巻　昭和四十五～五十五年
「公文通誌」明治六年一月十二日　『日本初期新聞全集』45　ぺりかん社　平成六年
『黒白精味集』江戸川散人・孤松庵養五郎　延享三年（一七四六）　『千葉大学教育学部研究紀要』第36巻・第37巻
『古今料理集』寛文十年～延宝二年（一六七〇～七四）頃　『江戸時代料理本集成』第二巻　臨川書店　昭和五十三年
『古事記』和銅五年（七一二）　『日本古典文学大系』1　岩波書店　昭和三十三年
『古事談』源顕兼　建暦二年～建保三年（一二一二～一五）頃　『新日本古典文学大系』39　岩波書店　平成十七年
『御当家令条』巻十八・巻二十九（『近世法制史料叢書』第二）　石井良助編　弘文堂書房　昭和十四年
『後水尾院様行幸二条城御献立』小川勘右衛門　寛永三年　『日本料理大鑑』第二巻　昭和三十三年
『最暗黒の東京』松原岩五郎　民友社　明治二十六年　国立国会図書館蔵
『最新和洋料理』割烹研究会　積善館本店　大正二年
『歳盛記』玉家如山　明治元年　『江戸明治流行細見記』太平書屋　平成六年

『細撰記』王家面四郎　嘉永六年　『江戸明治流行細見記』太平書屋　平成六年
『The Secret Sauce：A history of Lea & Perrins』by Brian Keogb　LEAPER Books 1997
『三百藩家臣人名事典』家臣人名事典編纂委員会編　新人物往来社　昭和六十三年
『四季毎日三食料理法』安西古満子　博文館　明治四十二年　国立国会図書館蔵
『四時交加』山東京伝作・北尾政演画　寛政十年（一七九八）『江戸風俗図絵』柏美術出版　平成五年
『四十八癖』三編　式亭三馬　文化十四年（一八一七）国立国会図書館蔵
『四条流庖丁書』延徳元年（一四八九）『群書類従』19　続群書類従完成会　昭和四十六年
『七福神大通伝』伊庭可笑作・北尾政演画　天明二年（一七八二）国立国会図書館蔵
『実業之日本』実業之日本社　明治三十九年二月十五日　国立国会図書館蔵
『実用養鶏百科全書』花島得二他　日本家禽学校出版部　大正十四年
『社交用語の字引』鈴木一意　実業之日本社　大正十四年　国立国会図書館蔵
『沙石集』無住和尚　弘安六年（一二八三）『日本古典文学大系』85　岩波書店　昭和四十一年
『趣味研究大江戸』大江戸研究会　大屋書房　大正二年　国立国会図書館蔵
『春色恋廼染分解』四編　朧月亭有人　文久二年（一八六二）『人情本刊行会叢書』10　大正五年
『商業取組評』尾崎富五郎編輯兼出版　明治十二年　国立国会図書館蔵
『串戯（じょうだん）しつこなし』後編　十返舎一九　文化三年（一八〇六）『十返舎一九集』国書刊行会　平成九年
『食行脚』奥田優曇華　協文館　大正十四年　国立国会図書館蔵
『食肉衛生警察』上巻　津野慶太朗　長隆社書店　明治三十九年　国立国会図書館蔵
『続日本紀』延暦十六年（七九七）『新日本古典文学大系』13　岩波書店　平成二年
『食の考古学』佐原真　東京大学出版会　平成二十二年
『食味の真髄を探る』波多野承五郎　万里閣書房　昭和四年　新人物往来社　昭和五十二年
『諸色調類集』旧幕府引継書　国立国会図書館蔵

『諸事留』五　旧幕府引継書　国立国会図書館蔵
『新式いろは引節用辞典』大田才次郎編　博文館　明治三十八年
『新帝都看板考』楽只園主人　大正十二年　国立国会図書館蔵
「新版御府内流行名物案内双六」歌川芳艶画　嘉永年間（一八四八～五四）　都立中央図書館蔵
『新聞集成大正編年史』明治大正昭和新聞研究会　昭和五十三年～六十三年
『新聞集成明治編年史』明治編年史編纂会編　財政経済学会　昭和九年～十一年
『新聞集録大正史』大正出版　昭和五十三年
『振鷺亭噺日記』振鷺亭　寛政三年（一七九一）『噺本大系』第十二巻　東京堂出版　昭和五十四年
『西洋道中膝栗毛』六編　仮名垣魯文　明治四年　岩波文庫　昭和三十三年
『西洋料理指南』敬学堂主人　雁金屋　明治五年
『西洋料理法』大橋又太郎　博文館　明治二十九年
『尺素往来』伝一条兼良　室町中期『群書類従』9　続群書類従完成会　平成四年
『全国方言辞典』東条操編　東京堂出版　昭和二十六年
『千里一刎勇天辺』十返舎一九　寛政八年（一七九六）　国立国会図書館蔵
『雑司ヶ谷紀行』十返舎一九　文政四年（一八二一）『古典文庫』第四四三冊　昭和五十七年
『雑談集』無住和尚　嘉元三年（一三〇五）　二書堂　明治十五年　国立国会図書館蔵
『増訂華英通語』福沢諭吉　万延元年（一八六〇）『福沢諭吉全集』第一巻　岩波書店　昭和三十三年
『増補改訂明治事物起原』石井研堂　春陽堂　昭和十九年
『俗事百工起原』宮川政運　慶応元年（一八六五）『未完随筆百種』第二巻　中央公論社　昭和五十一年
『蕎麦通』村瀬忠太郎　四六書院　昭和五年　東京書房社　昭和五十六年
『損者三友』石井八郎　寛政十年（一七九八）『洒落本大成』補巻　中央公論社　昭和六十三年
『大東京うまいもの食べある記』白木正光　丸の内出版　昭和八年『コレクション・モダン都市文化』第十

三巻　ゆまに書房　平成十七年
『大東京繁昌記』「山手篇」東京日日新聞社編　春秋社　昭和三年　平凡社　平成十一年
『太平洋』博文館　明治三十六年十二月十日号　明治三十九年二月一日号　明治三十九年八月一日号　国立国会図書館蔵
『たねふくべ』三集・十二集　三友堂益亭評　弘化年間（一八四四～四八）　太平書屋　平成三年
『旅硯』饗庭與三郎（篁村）　博文館　明治三十四年　国立国会図書館蔵
『旅恥辱書捨一通』十返舎一九　享和二年（一八〇二）　国立国会図書館蔵
『だまされぬ東京案内』池田政吉　誠文堂書店　大正十一年　国立国会図書館蔵
『茶漬原御膳合戦』萩庵荻声作・歌川豊広画　文化二年（一八〇五）　国立国会図書館蔵
『忠臣蔵即席料理』山東京伝作・北尾重政画　寛政六年（一七九四）　国立国会図書館蔵
『調味料・香辛料の辞典』小林彰夫編　朝倉書店　平成三年
「朝野新聞」明治十年十一月八日、明治二十四年十一月六日　『朝野新聞　縮刷版』ぺりかん社　昭和五十六年
『珍味随意素人料理』中村柳雨　矢島誠進堂書店　明治三十六年
『徒然草』兼好法師　元弘元年（一三三一）頃　『新日本古典文学大系』39　岩波書店　平成元年
『ティチング日本風俗図誌』文政五年（一八二二）『新異国証書』7　雄松堂書店　昭和四十五年
『帝都復興一覧』楽只園主人　大正十三年　国立国会図書館蔵
『手前味噌』中村仲蔵　安政二年～明治十九年　青蛙房　昭和四十四年
『天下の記者』薄田貞敬　実業之日本社　明治三十九年　国立国会図書館蔵
『天麩羅通』野村雄次郎　四六書院　昭和五年　廣済堂文庫　平成二十三年
『天婦羅物語』露木米太郎　自治日報社　昭和四十六年
「東京朝日新聞」大正十二年九月十七日
『東京おぼえ帳』平山蘆江　住吉書店　昭和二十七年

『東京開化繁昌誌』萩原乙彦　島屋平七　明治七年　国立国会図書館蔵
『東京買物独案内』上原東一郎撰兼発行　明治二十三年　渡辺書店　昭和四十七年
「東京牛肉しゃも流行見世」明治八年　『江戸明治庶民史料集成』「番付下」柏書房　昭和四十八年
『東京語辞典』小峰大羽編　新潮社　大正六年　国立国会図書館蔵
『東京商工博覧絵』深満池源次郎編集兼出版　明治十八年　湘南堂書店　昭和六十二年
『東京新繁昌記』服部誠一　山城屋政吉　明治七年　『明治文学全集』4　筑摩書房　昭和四十四年
『東京新繁昌記』金子春夢　東京新繁昌記発行所　明治三十年　国立国会図書館蔵
「東京名代食物番付」大正十二年　『江戸明治庶民史料集成』「番付下」柏書房　昭和四十八年
「東京日日新聞」大正十二年九月二日、九月十日、九月二十四日
『東京の表裏　八百八街』杉韻居士　鈴木書店　大正三年　『近代日本地誌叢書』42　龍溪書舎　平成四年
『東京の解剖』長谷川濤涯　研文堂　大正六年　『近代日本地誌叢書』39　龍溪書舎　平成四年
『東京の三十年』田山花袋　博文館　大正六年　岩波文庫　昭和五十六年
『東京の下町』吉村昭　文藝春秋　明治六十年　文春文庫　平成元年
『東京百事便』三三文房編　三三文房　明治二十三年　国立国会図書館蔵
『東京風俗志』平出鏗二郎　冨山房　明治三十四年　原書房　昭和四十三年
『東京府統計書』第三巻　東京府内務部庶務課　明治四十三年　国立国会図書館蔵
「東京名勝筋違目鏡之真景」広重画　明治期　国立国会図書館蔵
『東京名物志』松本順吉編　公益社　明治三十四年　国立国会図書館蔵
『東京名物食べある記』時事新報家庭部編　正和堂書房　昭和四年　国立国会図書館蔵
『東京流行細見記』清水市次郎編集兼出版　明治十八年　『江戸明治流行細見記』太平書屋　平成六年
『東都歳時記』斎藤幸雄作・長谷川雪旦画　天保九年　『日本名所図会全集』名著普及会　昭和五十年
『東都新繁昌記』山口義三　京華堂書店・文武堂書店　大正七年　『文学地誌「東京」叢書』7　大空社　平

成四年
『徳川禁令考』「前集第五」　石井良助編　創文社　昭和三十四年
『なぐさ見草』　松永貞徳　慶安五年（一六五二）　『日本古典文学影印叢刊』28　貴重本刊行会　昭和五十九
年
『男重宝記』　艸田子三径　元禄六年　教養文庫　平成五年
『日用舶来語便覧』　棚橋一郎　光玉館　明治四十五年　『近代用語の辞典集成』24　大空社　平成七年
『日葡辞書』　日本イエズス会宣教師編纂　慶長八年（一六〇三）　岩波書店　土井忠生他編訳　昭和五十五年
『日本教会史』上　ジョアン・ロドリーゲス　元和八年（一六二二）頃　『大日本航海叢書』第9巻　岩波書
店　佐野泰彦他訳　昭和四十二年
『日本古代家畜史』　鋳方貞亮　有明書房　昭和五十七年
『日本西教史』　クラッセ　一六八九年　太陽堂　太政官翻訳係訳　明治十三年
『日本三大洋食考』　山本嘉次郎　昭文社出版部　昭和四十八年
『日本書紀』　養老四年（七二〇）　『日本古典文学大系』68（昭和四十年）・69（昭和四十二年）　岩波書店
『日本食志』　小鹿島果纂著兼出版　明治十八年
『日本食肉史』　福原康雄　食肉文化社　昭和三十一年
『日本人の誕生』　佐原真　『日本の歴史』1　小学館　昭和六十二年
『日本西洋支那家庭料理大全』　秋穂敬子　甲子書院　大正十三年
『日本養鶏史』　養鶏中央会編　帝国畜産会　昭和十九年　国立国会図書館蔵
『日本霊異記』　僧景戒　弘仁年間（八一〇～八二四）　『日本古典文学大系』4　岩波書店　昭和三十二年
『値段の明治・大正・昭和風俗史』　週刊朝日編　朝日新聞社　昭和五十六年
『続続値段の明治・大正・昭和風俗史』　週刊朝日編　朝日新聞社　昭和五十七年
『年中行事絵巻』　住吉家模本（江戸前期）　『日本の絵巻』8　中央公論社　昭和六十二年

『年中総菜の仕方』花の屋胡蝶　静観堂　明治二十六年
『農家宝典』指宿武吉　大日本農桑義会　明治三十三年
『農業全書』宮崎安貞　元禄十年（一六九七）岩波文庫　昭和十一年
『農林省累年統計表』農林大臣官房統計課　昭和七年
『残されたる江戸』柴田流星　洛陽堂　明治四十四年　中公文庫　平成二年
『飲み・食い・書く』獅子文六　角川書店　昭和三十六年　角川選書21『好食つれづれ草』昭和四十四年
『誹風柳多留全集』岡田甫校訂　三省堂　昭和五十一～五十二年
『幕末明治女百話』篠田鉱造　四条書房　昭和四年　岩波文庫　平成九年
『舶来穀菜要覧』竹中卓郎編　明治十九年　国立国会図書館蔵
『早道節用守』山東京伝　寛政元年　国立国会図書館蔵
『播磨国風土記』和銅八年（七一五）頃『日本古典文学大系』2　岩波書店　昭和三十三年
「万国新聞紙」慶応三年三月下旬号　慶応三年六月中旬号　慶応三年十二月下旬号『日本初期新聞全集』ぺりかん社　昭和六十三年
「半自叙伝」菊池寛『文藝春秋』昭和三年八月号『菊池寛全集』第二十三巻　文藝春秋　平成七年
『彦根市史』中冊　中村直勝編　彦根市役所　昭和三十七年
『美味廻国』本山荻舟　四条書房　昭和六年
『美味求真』木下謙次郎　啓成社　大正十四年　五月書房　昭和五十一年
『続々美味求真』木下謙二郎　中央公論社　昭和十五年　五月書房　昭和五十一年
『百人百色』骨皮道人　共隆社　明治二十年　国立国会図書館蔵
『風俗』風俗社　大正六年六月一日号　国立国会図書館蔵
『風俗画報』東陽堂　第二六号（明治二十四年三月十日）第百二号（明治二十八年十一月十日）第百五十九号（明治三十一年二月二十五日）第二百六十一号（明治三十五年十二号（明治三十年十月）

月十日）第三百三十九号（明治三十九年四月二十五日）
『風俗粋好伝』鼻山人作・渓斎英泉画　文政八年（一八二五）　国立国会図書館蔵
『深川のうなぎ』宮川曼魚　住吉書店　昭和二十八年
『福翁自伝』福沢諭吉　時事新報社　明治三十二年　岩波文庫　昭和五十三年
『武江年表』後篇「附録」斎藤月岑　明治十一年　平凡社東洋文庫　『増訂武江年表』2　昭和四十三年
『フロイス・日本史』「五畿内篇」ルイス・フロイス　十六世紀後半　中央公論社　松田毅一・川崎桃太訳　昭和五十三年
『文藝春秋』昭和十五年九月号　高田保「鰻どん「どん」」
『文明本節用集』室町中期　『文明本節用集研究並びに索引』影印篇　勉誠社　昭和五十四年
『本草綱目啓蒙』小野蘭山　享和三年（一八〇三）～文化三年（一八〇六）　早稲田大学出版部　昭和六十一年
『本朝食鑑』人見必大　元禄十年　『食物本草本大成』第九巻・第十巻　臨川書店　昭和五十五年
『真佐喜のかつら』青葱堂冬圃　成立年不詳　『未完随筆百種』第八巻　中央公論社　昭和五十二年
『丸善百年史』上巻　丸善　昭和五十五年
『漫談明治初年』同好史談会編　春陽堂　昭和二年　批評社　平成十三年
『萬宝料理献立集』天明五年（一七八五）『江戸時代料理本集成』第五巻　臨川書店　昭和五十五年
『萬宝料理秘密箱』「前篇」天明五年（一七八五）『江戸時代料理本集成』第五巻　臨川書店　昭和五十五年
『万葉集』巻第二　八世紀後半　『日本古典文学大系』70　岩波書店　昭和四十二年
『味覚極楽』東京日日新聞社会部編　昭和二年
『三升屋二三治劇場書留』三升屋二三治　天保年間（一八三〇～四四）末頃　『燕石十種』第一　国書刊行会　明治四十年
『娘消息』初編　三文舎自楽　天保五年　国立国会図書館蔵

『名語記』沙門経尊　建治元年（一二七五）　勉誠社　昭和五十八年
『未来之夢』坪内逍遥　晩青堂　明治十九年　『逍遥選集』別冊第一　春陽堂　昭和二年
『明治事物起原』石井研堂　橋南堂　明治四十一年　国立国会図書館蔵
『増補改訂明治事物起原』石井研堂　春陽堂　昭和十九年
『明治十年東京府統計表』東京府　明治十一年　国立国会図書館蔵
『明治節用大全』博文館編纂局編　明治二十七年　芸友センター　昭和四十九年
『明治のおもかげ』鶯亭金升　山王書房　昭和二十八年　岩波文庫　平成十二年
『明治の東京生活』小林重喜　角川選書　平成三年
『名飯部類』杉野権兵衛　享和二年（一八〇二）『江戸時代料理本集成』第七巻　臨川書店　昭和五十五年
『飯百珍料理』赤堀峯吉　朝倉屋書店　大正二年
『麵業五十年史』組合創立五十年誌編纂委員会編　東京都麵類協同組合　昭和三十四年
『模範新語通語大辞典』上田景二編　大正八年『近代用語の辞典集成』4　大空社　平成六年
『守貞謾稿』（『近世風俗志』）喜多川守貞　嘉永六年（一八五三、慶応三年〈一八六七〉まで追記あり）国立国会図書館蔵
『柳樽二篇』万亭応賀　天保十四年　冨山房　昭和四年
「郵便報知新聞」明治九年七月十二日、明治十九年二月十二日、明治二十四年十月三日『復刻版郵便報知新聞』柏書房　昭和六十四年
『洋食考』山本嘉次郎　すまいの研究社　昭和四十五年
『洋食料理法独案内』近藤堅三編　浜本伊三郎　明治十九年　国立国会図書館蔵
『能時花舛』岸田杜芳　天明三年（一七八三）東京都立中央図書館蔵
『横浜市史稿』「産業編」「風俗編」横浜市役所　昭和七年　国立国会図書館蔵
『世の中探訪』川村古洸　大文館　大正六年　国立国会図書館蔵

「読売新聞」大正十二年十二月十日
『劉生絵日記』第一巻　岸田劉生　龍星閣　昭和二十七年
『料理辞典』斎藤覚次郎　郁文舎　明治四十年
『料理集』橘川房常　享保十三年（一七二八）『千葉大学教育学部研究紀要』第30巻　昭和五十六年
『料理物語』寛永二十年（一六四三）『江戸時代料理本集成』第一巻　臨川書店　昭和五十三年
『律』黒板勝美・国史大系編修会編『国史大系』吉川弘文館　昭和四十九年
『類集撰要』旧幕府引継書　国立国会図書館蔵
『魯文珍報』第七号　開珍社　明治十一年二月十八日　国立国会図書館蔵
『我衣』巻十九　加藤曳尾庵　文政八年（一八二五）『日本庶民生活史料集成』第十五巻　三一書房　昭和四十六年
『和漢三才図会』寺島良安　正徳二年（一七一二）東京美術　昭和四十五年
『私の食物誌』池田弥三郎　河出書房新社　昭和四十年
『和洋総菜料理』桜井ちか子　実業之日本社　大正元年

丼丼丼丼丼：日本五大丼飯誕生祕辛！／飯野亮一著；陳嫺若譯.
-- 初版. -- 新北市：臺灣商務印書館股份有限公司，2021.09
336 面；14.8×21 公分. --（人文）
譯自：天丼かつ丼牛丼うな丼親子丼：日本五大どんぶりの誕生
ISBN 978-957-05-3345-3(平裝)

1. 飲食風俗 2. 歷史 3. 江戶時代 4. 日本

538.7831　　110010700

人文

丼丼丼丼丼：日本五大丼飯誕生祕辛！

天丼　かつ丼　牛丼　うな丼　親子丼：日本五大どんぶりの誕生

作　　者 — 飯野亮一
譯　　者 — 陳嫺若
發 行 人 — 王春申
選書顧問 — 林桶法、陳建守
總 編 輯 — 張曉蕊
責任編輯 — 廖雅秦
封面插畫 — 湧新設計公司 -Nana Artworks
封面設計 — 萬勝安
內頁設計 — 綠貝殼資訊有限公司

行銷組長 — 張家舜
影音組長 — 謝宜華
業務組長 — 何思頓

出版發行 — 臺灣商務印書館股份有限公司
23141 新北市新店區民權路 108-3 號 5 樓（同門市地址）
電話：(02)8667-3712　傳真：(02)8667-3709
讀者服務專線：0800056193
郵撥：0000165-1
E-mail：ecptw@cptw.com.tw
網路書店網址：www.cptw.com.tw
Facebook：facebook.com.tw/ecptw

TENDON KATSUDON GYUDON UNADON OYAKODON by Ryoichi Iino

Original Japanese edition published by Chikumashobo Ltd., Tokyo.

This Complex Chinese edition is published by arrangement with Chikumashobo Ltd., Tokyo in care of Tuttle-Mori Agency, Inc., Tokyo through Keio Cultural Enterprise Co., Ltd., New Taipei City.

局版北市業字第 993 號
初版一刷：2021 年 9 月
印刷廠：沈氏藝術印刷股份有限公司
定價：新台幣 430 元
法律顧問—何一芃律師事務所